JN107191

# バルト三国のキッチンから

佐々木敬子 Keiko Sasaki

産業編集センター

# CONTENTS

## リトアニア　Lietuvos Respublika ———— 7

シャルティバルシチェイのじゃがいも（ウテナ）/ 物価上昇をうまくやり過ごす（ヴィリニュス）/ キビナイ初体験とヴィリニュスへの帰り道（トラカイ）/ 健康の秘訣はコンブチャ（カウナス）/ 豊富なじゃがいも料理と豊かな陶器（メルキネ）/「マンティンガ（MANTINGA）」工場の見学（マリヤンポレ）/ バルト三国の人々が心待ちにする夏至祭（プリエナイ）/ きゅうりアイスと水餃子（ケダイニェイ）/ 1997年4月1日の独立宣言（ウジュピス共和国）/ 酪農家のお宅拝見（バブタイ）/ リトアニアの建国記念日（テルシャイ）

### recipe

ウテナのヴィダさんに教えてもらった シャルティバルシチェイ ·········· 39

ヴィリニュスのダイヴァさんに教えてもらった キビナイ ····················· 40

カウナスのヴィクトラスさんに教えてもらった チキンカツレツ ············· 42

バブタイの酪農家レジーナさんに教えてもらった
カッテージチーズのパンケーキ ········································· 43

## ラトビア　Latvijas Republika ———— 45

グリーンピースは生食で（リガ）/ 旧ソ連時代の古い車輌旅（リガ）/ 野外ライブとちょっと微妙な人間関係（ユールマラ）/ ヤツメウナギの王国（ツァルニカヴァ）/ 消滅を逃れたラトガレ陶器（レーゼクネ）/ スイティの料理と民族衣装（アルスンガ）/ 先住民族リヴォニア人の食文化（ウーシィ）/ 伝統的ライ麦パンについて（スミルテネ）/ 数百種類あるスカートの柄（ルーイエナ）/ 心残りは練乳味のポップコーン（ヴァルカ）

### recipe

リガのエヴィヤさんが教えてくれた ヴィーガンカンタレラソース ······· 71

ウーシィのジャネタさんに教えてもらった スクランドラウシ ················· 72

スミルテネのイルゼさんに教えてもらった 燻製豚の大麦粥 ····················· 74

ルーイエナのグナさんに教えてもらった ベーコン入りの灰色豆 ············· 75

# エストニア Eesti Vabariik ——————————————— 77

治安の良さの理由は…（タリン）/ 古本屋でご馳走になったボルシチ（タルトゥ）/ はちみつ製造メーカー「ノルドメル（Nordmel）」社見学（ヴィリヤンディ）/ クラウドベリーを摘みに（タルトゥの森）/ ビルベリーと鹿肉と蕎麦の実のお粥（ナイッサール島）/ オリジナルのパン「チェピック」（ヘッレヌルメ）/ 必要な食材は「裏庭」から（ラクヴェレ）/ エストニアの著名作家タムサーレ（ヴァルガマエ）/ 懐かしくておいしいエストニアのへそ（トゥリ）/ エストニア最大の島（サーレマー島）/ グルメのお墨付きリュマンダ食堂（サーレマー島リュマンダ）/ アーヴィックヌルガの家の手料理と「15分説」（サーレマー島アーヴィックヌルガ）/ スパークリングりんごジュースの炭酸（ヴァンドラ）/ エストニア、ロシア国境での食祭り（ペイプシ湖畔）

## recipe

タルトゥのヤナさんに教えてもらった スイバのスープ ———————— 112

ヘッレヌルメのマエさんに教えてもらった チェピック ———————— 114

ヘッレヌルメのマエさんに教えてもらった 花とハーブのバター ———— 115

トゥリのカイヤさんとタルモさんに教えてもらった
スノーボールスープ ———————————————————— 116

サーレマー島のウッレさんに教えてもらった
手早くできる白身魚のマリネ ————————————————— 118

---

※本書について

表　記：現地語からの日本語表記はいくつかのパターンがありますが、その中のひとつを選び、統一して記しています。

レシピ：レシピの温度と時間は電気オーブン使用時の設定です。家庭料理ですので、味の加減はお好みで調整してください。日本では手に入りにくい材料は代替のものを提案しています。量は日本で作りやすいように調整しています。

情　報：2022年6月から8月現在の情報を記載しています。店舗情報や交通事情は実際と異なる場合があります。

1€（ユーロ）＝約137円（2022年8月 取材時）

# まえがき

「あなたのキッチンで料理を教えてください」
　2022年の夏、バルト三国の家庭をめぐり、毎日のように繰り返した言葉です。

　2016年、エストニア料理の食文化に興味を持ったことがきっかけで、バルト三国の食文化を学んでみたいと思うようになりました。そしていよいよ実現するという矢先に世の中はコロナ禍となり、渡航ができない日々を過ごすことに……。この間に、私は「バルトの森」というサイトを立ち上げ、Web会議システムで現地の人々へのインタビューを試みました。合理主義的な考え方が見られる一方、自然や伝統をごく当たり前に次の世代に受け継いでいこうとしている印象を持ちました。彼らの声に触れるほど生活や環境を直接目で見て知りたいと感じました。
　海外渡航ができそうだという明るい兆しが見えた2022年の年明け。リトアニアのヴィリニュスに向かうチケットをついに購入しました。そして6月、ようやくリトアニアのヴィリニュス空港に降り立ったのです。2019年秋のエストニア渡航以来、待ちに待った旅の始まりでした。

　いざ、各家庭に料理を習いに飛び込んでいくと、外国から来た旅人の図々しいリクエストにもかかわらず、懐の広い現地の人々は温かく家に迎え入れ、惜しげもなく料理を披露し食べさせてくれました。キッチンに立つと、自然と笑顔になり料理にまつわる話が弾みます。自ずとそこに暮らす人の素顔を垣間見ることになりました。「食は文化なり」とはよく言ったものです。そこにはあらゆる生命、生活、自然が息づいているのです。
　ここではバルト三国の日常を35のエピソードにまとめ、現地で教えてもらった料理のレシピを添えて紹介しています。現地の人々、自然、文化をこの本を通じて少しでも感じてくだされば嬉しいです。

# バルト三国とは

　近代までエストニア、ラトビア、リトアニアは「バルト三国」という呼び名では歴史には登場していませんでした。1721 ～ 1917年までのロシア帝国時代に「バルト海沿岸地域」として存在したのは現在のエストニアとラトビアの一部だけ。その頃リトアニアは、現在のポーランドとロシア領が含まれたプロイセンという国の一部でした。

　1917年にロシア革命が勃発すると1918年「民族国家」を求める声が上がり、エストニア、ラトビア、リトアニアの３カ国は相次いで独立を宣言しました。しかし、1939年8月23日にナチス・ドイツとソビエト連邦の間で取り交わされた独ソ不可侵条約秘密議定書により、ソビエト連邦に併合されたのでした。その締結から50年を迎えた1989年8月23日。エストニアのタリンからラトビアのリガを経てリトアニアのヴィリニュスまでの約675kmを、「バルトの道（The Baltic Way）」として総勢200万もの人々が手をつなぎ、人間の鎖を作った抗議活動で３カ国が議定書の違法性を世界に訴えたのです。そして1990年のリトアニアの独立回復宣言を皮切りに、1991年エストニアとラトビアが相次いで独立回復宣言をしました。

　３カ国がほぼ同時に併合され、ほぼ同時に独立回復を果たしたため「バルト三国」として知られることが多くなりました。「バルト三国」は共通点もありますが、実は民族、言語、宗教それぞれの国の独自のアイデンティティがあり、決して一様ではありません。

　共通点として挙げられるのは、およそ100 ～ 150年もの歴史を持つ「歌と踊りの祭典」です。リトアニアでは4年、エストニアとラトビアでは5年に一度開催され、民族衣装を纏った人々が広い会場に集まり愛国心を表現する感動的な祭りです。また、現在も豊かな自然が残り、それを活かした手工芸が盛んでもあります。食べ物は地理的に近いため多くの作物は共通していますが、それぞれの歴史の影響により作り方や食べ方が違うこともあります。

　似て非なるバルト三国。行けば行くほどなぜか気になってしまう、それぞれの魅力は無限大です。

| | | | | |
|---|---|---|---|---|
| エストニア | 人口 | 約 120 万人（さいたま市と同じくらいの人口） | | |
| | 面積 | 約 4 万 5000㎢（北海道の約半分） | | |
| | 人口密度 | 29 人 /1㎢ | | |
| | 首都 | タリン | 言語 | エストニア語 |
| | 民族 | エストニア人 68.7%、ロシア人 24.8% ほか | | |
| | 宗教 | 東方聖教 16.2%、ルーテル派 9.9%、無宗教 54.1% ほか | | |
| | 通貨 | €（ユーロ） | GNI | US$2 万 3203/ 人 |
| | 国旗 | 青 = 空や海。団結や信頼 | | |
| | | 黒 = 大地。黒は暗黒の時代を忘れてはならない決意 | | |
| | | 白 = 空や海、人々の幸福を追求 | | |

| | | | | |
|---|---|---|---|---|
| ラトビア | 人口 | 約 182 万人（札幌市と同じくらいの人口） | | |
| | 面積 | 約 6 万 5000㎢（北海道の約 80%） | | |
| | 人口密度 | 30 人 /1㎢ | | |
| | 首都 | リガ | 言語 | ラトビア語 |
| | 民族 | ラトビア人 62.7%、ロシア人 24.5% ほか | | |
| | 宗教 | ルター派 36.2%、東方聖教 19.5% ほか | | |
| | 通貨 | €（ユーロ） | GNI | US$1 万 7633/ 人 |
| | 国旗 | えんじ =13 世紀ドイツ騎士団が攻め込んだ時に戦ったラトビア義勇軍の司令官の血染めの包帯 | | |
| | | 白 = 誠実さと栄誉、バルト海 | | |

| | | | | |
|---|---|---|---|---|
| リトアニア | 人口 | 約 265 万人（大阪市と同じくらいの人口） | | |
| | 面積 | 約 6 万 5000㎢（北海道の約 80%） | | |
| | 人口密度 | 43 人 /1㎢ | | |
| | 首都 | ヴィリニュス | 言語 | リトアニア語 |
| | 民族 | リトアニア人 84.6%、ポーランド人 6.5%、ロシア 5% ほか | | |
| | 宗教 | カトリック 74.2%、ロシア正教 3.7% ほか | | |
| | 通貨 | €（ユーロ） | GNI | US$1 万 9111/ 人 |
| | 国旗 | 黄 = 太陽、光と繁栄 | | |
| | | 緑 = 自然の美しさや自由と希望 | | |
| | | 赤 = 大地、勇気、祖国のために流された血 | | |

日本の人口密度：338 人 /1㎢

＜出典＞
面積：UN, Demographic Yearbook system, Demographic Yearbook 2020
人口・民俗・宗教：CIA The World Factbook 2023
GNI（国民総所得）：UN, National Accounts - Analysis of Main Aggregates（AMA）2021
日本の人口密度：総務省　令和 2 年国勢調査　人口基本集計 2020

# Lietuvos Respublika

## リトアニア

エストニア

タリン

リガ

ラトビア

テルシャイ

リトアニア

ウテナ

マリヤンポレ

ケダイニェイ

バブタイ

カウナス

ヴィリニュス

プリエナイ

トラカイ

メルキネ

ウテナ（Utena）

## シャルティバルシチェイの じゃがいも

•••••••••

　リトアニアの北東部の街、ウテナ（Utena）が故郷のアグネさんはヴィリニュス（Vilnius）に住んでいます。彼女のドライブでウテナにいる母ヴィダさんの家に向かいました。

　ヴィダさんの家に到着する前に、ウテナの街の中心で私だけ車から降ろしてもらい、その周辺を散策することにしました。新しい場所に訪れると、できるだけ歩きたいと思っています。そ

こにある建物、生活している人々の表情など街の素顔に触れることができるからです。

　15分ほど歩くと、ショッピングセンターの横の広場に何やら人々が集まっています。そこでは賑やかなマーケットが開かれていました。日本ではあまり見ない大きな自家製はちみつの瓶、網の袋に入ったじゃがいも、トゲトゲを触ると「ちくっ」としそうな新鮮なきゅうり、民家の玄関先に飾られている大きく色鮮やかなサフィニアの植木鉢など、ざっと20店が左右に分かれて連なっていました。旅は始まったばかりだったので、気軽に購入するわけにもいきません。ゆっくりまわっていただけですが、マーケットからリトアニア人の生活風景が垣間見られます。

　私と約束した1時間後にアグネさんが車で迎えに来てくれて、ウテナ郊外にあるヴィダさんの家に向かいました。この日はヴィダさんがシャルティバルシチェイ（Šaltibarščiai）を作ってくれることになっていました。リトアニアでよく目にするシャルティバルシチェイはビーツ、ケフィアヨーグルトが入った冷たいスープです。この2つの材料によって「食べ物の色かな？」とびっくりするピンク色になっています。

　リトアニアのスーパーにはさまざまな種類のビーツの瓶詰めが並んでいます。その中でもヴィダさんが使うビーツの瓶詰めは、りんごジュースに漬けられ、そうめんのように細く切られたビーツです。ビーツと混ぜるのは脂肪率6%のケフィアヨーグルトです。

ヨーグルトや乳製品の脂肪率にこだわる日本人はあまりいないと思います。バルト三国では「このレシピには脂肪率何％のヨーグルトを使うよ」と教えてくれることが多いので、乳製品豊富な国だなと感じます。

　ヴィダさんはまず、じゃがいもを鍋で茹で始めました。そして美しくボウルに盛られたシャルティバルシチェイと一緒にほっかほかの皮付きのじゃがいもがテーブルの真ん中に置かれました。ヴィダさんアグネさん親子と私が席に揃って、3人で「いただきます！」爽やかなヨーグルトが口の中に広がり、じゃがいもの温かいほくほく感が不思議と合います。

　実は私はこのスープについて、大きな疑問がありました。リトアニアで「シャルティバルシチェイ」と呼ばれているこの料理は、エストニアでは「スヴィネ・クルム・スップ（Suvine külmsupp）」ラトビアでは「アウクスタ・ズッパ（Aukstā zupa）」と呼ばれ、バルト三国で親しまれていますが、リトアニアだけ大きく違う点があります。それは「じゃがいも」。エストニア、ラトビアではじゃがいもを茹でてさいの目に切り、冷たいヨーグルトの中に混ぜて一緒に食べるスタイルです。

「なぜ、リトアニアではじゃがいもをシャルティバルシチェイに入れないのかな？」そう聞いてみました。親子2人で顔を見合わせて「シャルティバルシチェイにじゃがいもを入れる！？　あり得ないわ！」と驚いていました。

「温かいままじゃがいもを食べたいからかな？」と更に質問をしてみると、2人は首を大きく横に振りました。「ノーノー、じゃがいもを温かく食べたい人も、冷たく食べたい人もいるけど、じゃがいもの食べ方と温度くらいは自分でコントロールさせて欲しいのよ

!!」理由を知った私は吹き出しそうになりました。リトアニア人のじゃがいもに対する並々ならぬこだわりを感じます。
　リトアニアでじゃがいもが外付けされているシャルティバルシチェイに出会ったら、彼らと同じようにじゃがいもの温度をコントロールしてみてください。

シャルティバルシチェイのレシピ　P39

# 物価上昇をうまくやり過ごす

ヴィリニュス（Vilnius）

　ヴィリニュス（Vilnius）の旧市街に住む料理好きのジギスさんと待ち合わせをしました。渡航前、彼から鉄製の鯛焼き器を買っていくことをお願いされていました。料理に関してはかなりマニアックな若い男性です。

　その日の仕事が終わった夕方、ジギスさんが連れて行ってくれたのは旧市街近くにあるスーパーマーケット。少し長い階段を昇り、運動不足の私の息があがるころ、彼のお気に入りのマキシマ（MAXIMA）が見えました。マキシマはリトアニアで1993年に創業しバルト三国、ポーランド、ブルガリアでも店舗を展開しているスーパーです。今ではバルト三国最大の雇用主となった大企業で、バルト三国ではほとんどの街にマキシマがあると言っても過言ではありません。そのマキシマと双璧をなすのがリミ（Rimi）です。現地の人にマキシマかリミかどっちが好きか聞いてみると互角の印象でした。マキシマにないものがリミにはあるので、使い分けをしているようです。また、最近はリドル（Lidl）というドイツ資本のディスカウントスーパーも進出してきました。

　マキシマに入ると、大きいと感じました。生鮮食料品から惣菜、焼きたてパン、調理器具、書籍などが並んでいます。街の中心にホームセンターのように大きなスーパーがあるのが羨ましいです。ジギスさんは行きつけのマキシマで、水を得た魚のようになり「必ず割引コーナーからチェックしに行くんだよ」と迷うことなくそのコーナーに向かいました。ムール貝が7割引になっているのを見ながら、夕食に作る料理を思い付いたよう。日本で食料品が7割引になっていることは少なく、その日に食べるのなら随分お得感があるなと驚いていました。気付くと同じようにおばちゃんたちが群がっていまし

た。2021～2022年、リトアニアの物価上昇率は20%以上※となり、市民生活は厳しいものとなっています。多くの人ができるだけ出費を抑えようと考えているそうです。

※ OECD Consumer Price Indices
　（CPIs）Database 2022

　その後、ジギスさんは野菜コーナーに立ち寄り慎重に吟味してから買っていました。スーパーの野菜や果物はスペインやモロッコ、トルコなど遠くの国から運ばれて来るので、鮮度は自分の目でしっかり確認する必要がありそうです。果物はヨーロッパやアフリカなど広い範囲から輸入されていて、日本で買うよりもバリエーションが多く「寒い国なのに……」と驚くこともあります。

　数日後、ジギスさんにリトアニア料理を教えてもらうことになりました。旧市街に最も近いハレス市場（Halės turgus）で待ち合わせをして、オーガニック食材店でじゃがいもを購入しました。ハレス市場から迷路のような旧市街の道を歩いて行くと、重厚な造りの建物が並んでいます。その中の1つのドアを開けると、1階にジギスさんの暮らすアパートがありました。

　部屋に入ると天井が高く、ひと目で100年以上の歴史ある建物だとわかりました。センス良くリノベーションされている室内を見て「すごく良いところに住んでいますね」と思わず口にしてしまいました。「私1人では住めないですよ。一緒に住んでいるいとこの方が給与が高いから55％出してもらってますしね！」とジギスさん。収入に応じて、家賃の比率が変わる取り決めがあるのだそうです。

　「ちょっと来て」そう呼ばれて行くと、奥の部屋のクローゼットに「とあるもの」が、重なって置かれていました。それは、小麦粉。「ロシアからウクライナへの戦争が影響して、これからリトアニアの物価はもっと高くなるよ。今のうちに小麦粉を買って確保しているんだ」リトアニアの人々がどのように工夫して物価高を乗り越えようとしているか、お料理男子のジギスさんに見せてもらったような気がしました。

## キビナイ初体験と
## ヴィリニュスへの帰り道

トラカイ（Trakai）

　首都ヴィリニュス（Vilnius）から電車で1時間弱のトラカイ（Trakai）に向かいました。ヴィリニュス駅から初めて乗るリトアニアの列車は真新しい車輌でした。乗ってすぐにうとうと寝てしまい目が覚めると、車内にいた人々が続々と降り始めているところでした。第六感でトラカイ駅に到着したのだろうと察しました。念のため隣の人に聞くと「トラカイだよ」と教えてくれました。慌てて下車した駅から、トラカイ城（Trakų salos pilis）へ向かいました。

　トラカイ城は14世紀後半、チュートン騎士団の台頭を防ぐために、キェストゥティス公とヴィタウタス大公※によって建てられた城です。
　ガルヴェ湖（Galvė）に21の島があり、その中で1番大きい島に赤茶色の城があります。何度か破壊されほとんど廃墟となった後、1961年から26年もかけて再建したのが現在のトラカイ城です。

　カライム人はユダヤ教の一派ですが、アルタイ語族のチュルク語を話しヘブライ文字を使っていたこともあります。それ故、イスラム教の影響もあるため彼らはユダヤ人とは違う人々となります。人種的にはタタール人とほとんど同じではないかと言われています。城の周りには14世紀後半にクリミア半島から傭兵として連れて来られたカライム人の子孫が現在でも200人ほど住んでいるそうです。城の近くにカライムスタイルの3つの窓がある左右対象の家が並んでいる一画がありました。3つの窓は「神」「ヴィタウタス大公※」「家族」を表現しているそうです。

※リトアニア大公国の大公（在位 1401 -1430 年）

　6月のこの日は太陽がまぶしく、5分も歩くと汗がダラダラ流れる暑さでした。周囲にはほとんど日差しを遮るものがなく、日陰が多いほうの歩道を選びながら30分

ほど歩くと、赤茶色の美しいトラカイ城が見え
ました。

　城内に入ると大公のために造られたお城ら
しく、城の中の展示室には装飾品や調度品が展
示されており、じっくり見ているとあっという
間に時間は過ぎました。

　見学を終えて次に向かった先は「キビナイ
（Kibinai）」という料理を提供するレストラン
です。リトアニアでキビナイはパン屋や売店な
ど、どこでも手軽に買うことができる人気のス
トリートフードです。もともとカライム人が作
っていた料理で、ビスケットのようなサクサク
した硬めの生地の中に肉が入っています。

　伝統的なキビナイはラム肉を入れるそうで
すが、現在は鶏肉、豚肉、カッテージチーズと
ほうれん草などさまざまなバリエーションが
あります。

　まずはキビナイ初体験として現地では基本
のラム肉入りを注文してみました。熱々のビス
ケットのような生地から肉汁がジュワっと出

ました。ロシア、モンゴル、遠くは中国へと続くタタールの人々が作るキビナイ。餃子のような姿形に東アジアや中央アジアを、ラム肉にハーブなどの調味料を混ぜている味付けには中東の香りを感じました。

　本場でキビナイを食べられたことにすっかり満足した私はゆるりと歩きながら、次の列車の到着時間を調べてみました。その日のトラカイ駅からヴィリニュス駅に戻る次の列車はなんと午後5時半！　列車では戻れないと知りました。トラカイは有名な観光地なので1日に何本も列車が停まると思い込んでいたのは、大きな誤算でした。

　約束の午後4時までにヴィリニュスに帰る必要がありました。時計を見るとすでに午後3時。鉄道でヴィリニュス駅からトラカイ駅に来た時は40分ほどかかったので、そろそろ待ち合わせまでのリミットが近づいていました。

　駅近くのバス停に向かい、停まっていたヴィリニュス行きのバスのドライバーから直接クレジットカードでチケットを購入しようとしたところ「現金だけだ」と言われました。一か八かでヴィリニュスの市内で使っていたバスカードを出して微笑んでみましたが、ドライバーは大きく首を横に振り「乗れない」と拒否。「うわー、ヴィリニュスに戻る方法は暗礁に乗り上げたな」と私は絶望的な気分になりました。

　実はリトアニアに来てからこの時まで、私はクレジットカードだけで過ごしていたのです。クレジットカードを過信してしまう、いつもの私の悪い癖が出てしまいました。バスの前のベンチに座ってよく考えました。

　キャッシュカードからユーロの現金を手にする方法は、ATMを見つけることです。比較的大きなスーパーマーケットの場合、レジの近くにATMがあります。ただし、私が持っているキャッシュカードに対応するATMでないと意味がありません。

　トラカイ城からバス乗り場までの間で、それほど大きくはないスーパーが1軒あったことを覚えていました。スーパーマーケットのATMの存在と私のキャッシュカードが対応する可能性を信じ、炎天下の中片道10分歩き、現金を手にしてまた10分かけてバス停まで戻ることができれば良いのですが……仮にスーパーマーケットにATMがないか、ATMが私のキャッシュカードに対応できなかった場合は完全に往復20分が無駄足になります。「うーん……困った」

「あ、このあいだタクシー配車アプリをスマートフォンにインストールした気がする……」奇跡的にアプリのことを思い出しました。一度も使っていないアプリを起動させ、ドキドキしながらタクシーを呼び出しました。無事5分でタクシーが私の目の前に現れ、20分ほどでヴィリニュスまで戻れたのです。

　待ち合わせしたリトアニア人の友人に「時間も現金もなかったから、トラカイからタクシーを捕まえてきたよ、アプリ便利だねぇ 20€だったけど」と報告すると、「高い！」

と呆れられました。
「行きの列車　2.4€」
「帰りのタクシー　20€」
「トラカイで食べるキビナイ　プライスレス」

カウナス（Kaunas）

# 健康の秘訣はコンブチャ

••◖◗••◖•

　カウナス（Kaunas）の郊外にリトアニア料理
のランチを作ってくれるおじさんがいると教えて
もらい、自宅に向かいました。到着すると、玄関まで続くカーブがあるアプローチの階
段が目に入りました。

「おじさん」とは、この立派なご自宅の主人である85歳のヴィクトラスさんです。55
年連れ添った妻のダリアさんと元気に迎えてくれました。

　あまりにも素敵な建物なので、何年前に建てられたものか聞くと、およそ30年前だ
そう。

　リトアニアが独立回復を果たしたのは1990年。独立回復後間もない時期に、立派な
家を建てることは難しいことだったのではないかとヴィクトラスさんに聞くと、独立前
まで建築業に携わってきたこともあって、比較的建てやすかったと教えてくれました。
この家が見てきた独立回復後のリトアニアの様子を想像しました。

　玄関を入ると吹き抜けの高い天井が印象的でした。ダイニングに案内されると、美し
い木枠の窓から陽の光が燦々と入り、ベランダに続く窓を開けるとたちまち風が部屋を
通り、庭の木々のフレッシュな香りが天然のフレグランスとなります。

　オレンジの薄いカーテンがリネンなことに気付きました。リトアニアはリネン製品の

生産が盛んでフランスで生産されるフレンチリネンと同じように上質です。リネンは綿と比べ触ってもひんやりしないのと、肌に馴染む手触りと穏やかな色合いが落ち着きます。ダイニングチェアを包んでいる白いテーブルクロスで部屋が更に明るく見えました。

　ダリアさんとヴィクトラスさんがキッチンに立つと、慌ただしくなりました。ダリアさんは庭で収穫したばかりの野菜でサラダを作り始め、ヴィクトラスさんはメインのチキンカツレツ（Vištienos kepsnys）を準備するために、階下に向かいます。ダイニングの隣にキッチンはありますが、階段を降りるともう1つのキッチンがあります。わざわざ階下のキッチンに向かう理由を聞くと、「ガスの火を使った方がおいしくなるんだよ」と。ヴィクトラスさんは、料理によってIHとガスを使い分けているそうです。

　ダリアさんが、階段の途中に置いてある大きなガラス瓶の中を蓋を開けて見せてくれました。そこにはコンブチャ※がありました。ダリアさんは「コンブチャは健康の秘訣なのよ！」と教えてくれました。
　ヴィクトラスさんが作ってくれたチキンカツレツには下味にコンブチャが隠し味で使われていました。コンブチャ効果とヴィクトラスさんの腕前が相まって、鶏肉が柔らかくジューシーになっていました。

※ コンブチャ（Kombucha）とは、紅茶きのこのこと。紅茶または緑茶に砂糖を加えゼラチン状のきのこのように見えるかたまりを入れ、培養してできる発酵飲料のこと。40 年以上前に日本の家庭でも流行し、それが現在ヨーロッパで再流行しています。

ランチの後はダリアさんがドライハー
ブティーを淹れてくれました。ミントや
タイムをブレンドしたハーブティーに、
黄金色の濃厚なはちみつを加えるのがリ
トアニア流。ヴィクトラスさんはランチ
中オペラを唄って、私たちのために美声
を響かせてくれました。ダリアさんはヴ
ィクトラスさんの歌声に誰よりも大きな
拍手を送っていました。

「いつまでも家族と仲良くこんな時間を過ごしたいなぁ」と憧れたくなるような人生の
先輩に出会ったと思いました。

　**チキンカツレツのレシピ　P42**

メルキネ（Merkinė）

## 豊富なじゃがいも料理と
## 豊かな陶器

　カウナス（Kaunas）にヴィータウタス・マグヌス
大学（Vytauto Didžiojo universitetas）というリト
アニアを代表する国立大学があります。そこで留学生
にリトアニア語を教えている、南エストニア出身のテ
レーセさんとカウナスの真っ白で大きな教会の大天使
聖ミカエル教会（Šv. arkangelo Mykolo bažnyčia）
の前で待ち合わせをしました。

　彼女と向かったのはリトアニアに5つある文化区分
地域のうちの1つ、南部のズーキヤ（Dzūkija）地方に属している人口約1,000人のメ
ルキネ（Merkine）という街です。カウナスから車でおよそ1時間半の道中。テレーセ
さんは「ズーキヤに行くなら、ズーキヤ風バンドス（Dzūkiškos bandos）を食べに行
くわよ！」とすでにレストランを予約してくれていました。

　テレーセさんが予約の時にお願いしてくれていたのか、メルキネのレストランに着く
や否や、ズーキヤ風バンドス（乾燥キャベツの葉の上にじゃがいもを平たくして焼いた
料理）をオーブンに入れる瞬間を見せてくれました。まるでピザを焼くようにバンドス
を入れていきます。180〜200度で約40分こんがりと焼くそうです。別のメニューも
頼んでみようと、各々選びました。メニューを聞いてもイメージが全くわからなかったの
ですがそういう場合、私はいつも「おすすめ」と「勘」で注文します。

　私はズーキヤ風シュウシュケス（Dzūkiškos šiuškės）
を、テレーセさんはパースニップ※揚げと（Pastarnokų
spurgytės）とクコライ（Kukorai）を頼みました。
※セリ科の白い人参のような根菜です。

　先ほど、オーブンに入れるところをシェフが見せてく
れたズーキヤ風バンドスがテーブルにきました。もちっ
とした味わいと、香ばしさが口の中で混ざり合います。「こ
れがズーキヤ地方の名物のじゃがいも料理なのか！」と
じっくり味わっていると、続々と注文していた料理が出
てきました。

テレーセさんとシェアしながら、食べる料理はどれもおいしい……おいしいのですが、喉に詰まるのです。ふと、気付きました。
「あれ？　全部じゃがいもではないか！」

リトアニアのじゃがいも料理はエストニアやラトビアと比べて、バリエーションが多く、手間のかかる料理ばかりです。これはリトアニアが大公をはじめ、貴族がいたリトアニア大公国時代を経ているため、料理が洗練されているのだと推察しています。

さまざまな調理法で姿形を変えたじゃがいもを喉に詰まらせながら、同時にリトアニアでどれだけじゃがいもが愛されているか、胃袋を通じて理解できました。

ランチの後、向かった先はレストランから徒歩で5分のジュガスさんの陶器工房でした。遠くから見ても目だつ黄色い建物。外から家の主を探していると、玄関を開けてジュガスさんが迎えてくれました。

扉の向こうには、どっしりとした黒いメルキネ陶器が並んでいる大きなテーブルが見えます。真ん中には花瓶に美しい花が生けられていました。

素晴らしい展示のセンスと家の内装に圧倒されながら思ったのは、どこかで見たことのあるお皿ということ。テレーセさんに

「これは、さっきのレストランのお皿ですよ
ね？」と確認すると彼女も「そうよね」と頷
いていました。
「こっちに来て、お茶でもしようよ」
　ジュガスさんがすぐ横のキッチンとダイニ
ングルームから呼んでくれました。ダイニング
テーブルにはいちごやチーズ、パンなどが
並び、フレッシュなミントのハーブティーを
出してくれました。食べ物が入ると、陶器の
魅力は格段に増します。

　テーブルに並んでいたのはジュガスさんと、
姉のルータさんの作品でした。ルータさんの
陶器には動物や自然をモチーフにした絵が描
かれ、陶器を通してリトアニアの情景を見ているかのようです。真っ黒で重厚感のある
ジュガスさんの作品とはまるで対照的なのに、見事にこのテーブルの上で2人の作品が
融合しているのです。黒いピッチャーにお湯を注ぐとお湯が柔らかくなる魔法がかかっ
たようなハーブティーをジュガスさんは淹れてくれました。
　ジュガスさんが「好きなカップを使っていいよ！」と棚に並んだルータさんのカップ
を指しました。「姉のカップはお客様用なんだよ」と教えてくれました。
「ルータさんのカップは売っていないんですか？」と聞くと「お気に入りだから、売ら
ないよ！」とおちゃめに笑うのでした。
　私はジュガスさんの作品の中でも、珍しいベージュの模様が描かれたピッチャーを買
うことにしました。フリーハンドで描かれた模様が、彼の愛嬌のある人柄を物語ってい
るかのようでした。

マリヤンポレ ( Marijampolė )

# 「マンティンガ（MANTINGA）」
# 工場の見学

　FOODEX JAPAN 2022 という食品展示会が 2022 年 3 月に千葉の幕張で開催されていました。この展示会は国内外の食品関係の会社が集い、食品を展示して紹介するというものです。リトアニアのブースへ行くと、パンが紹介されていました。パンは工場から焼いた状態で運んでくるイメージがありましたが、焼く直前の状態で冷凍し、日本まで運んだ商品を販売するビジネスをしているとのことでした。ブースでマンティンガ（MANTINGA）社のハロルダスさんが丁寧に教えてくれました。

「今年リトアニアに行く予定がありますが、工場見学させてもらえますか？」と聞いてみると「いつでも来てください！」と快諾してもらえました。

「工場見学」と聞いて子供の時に行った社会科見学を思い出して興奮した私は、リトアニアのパン工場見学ができることを楽しみに 2022 年 6 月に向かいました。

　リトアニア第 2 の都市であるカウナス（Kaunas）から列車で南西に 1 時間移動すると、マリヤンポレ駅に到着します。駅から近い場所にマンティンガの会社と工場はありました。歩いてもたどり着ける距離なのに、ハロルダスさんは車でわざわざ駅まで迎えに来てくれていました。

　工場に向かう車の中で、マンティンガの社名の由来について聞くと「創業者の息子がマンタス（Mantas）で娘の名前がインガ（Inga）でした。2 人の名前を繋げて会社の名前をマンティンガにしたんですよ」と教えてくれました。現在は社名の由来である息子のマンタスさんが CEO に就任しています。創業者で現会長のクレメンカスさんがフランスに行った折、クロワッサンを食べながらリトアニアで作って冷凍で運べば各国で販売できるはずだと考えたそう。それが、パンビジネスを始めたきっかけです。当時は業界的に冷凍のパンを運んで販売するということは新しいことだったのです。1998 年に創業して以来順調にビジネスは拡大し、現在の従業員数は普段は 1,500 人、繁忙期は 1,700 人ほどが働いているそうです。マリヤンポレの人口は約 36,000 人ですので、単純計算で約 21 人に 1 人がマンティンガに関わっています。

　工場撮影は禁止だったので内部の写真は撮れませんでしたが、最新技術の製造ラインがいくつもあり、4 シフトで 12 時間稼働している大きな工

場でした。見学中に、ハロルダスさんはラインに流れるフランスパンを細くしたような
パンを指して「これは東京ディズニーリゾートでホットドックとして食べられますよ。
そしてこのドーナツはIKEAで販売されています」と教えてくれました。「そうなんで
すか！　私もカラフルなドーナツを東京のIKEAでも食べたことがあります！」嬉しく
なって声を出してしまいました。

　ハロルダスさんはマリヤンポレで生まれ育ち、7年前に入社し現在はドイツや日本な
どの海外営業担当として勤めています。街を案内してもらいながら「マンティンガはと
にかく福利厚生がすごいんですよ。社員の子供の学費の半分は会社が負担してくれるん
です。すごくないですか？」と教えてくれました。

　その後、我々はマンティンガの系列のレストラン「ニッツァ（Nica）」へ。実は本場
のリトアニア料理を教えてほしいと事前にお願いしたので私の希望を叶えてくれようと、
シェフのスキマンタスさんがリトアニア料理を作っていくれていたのです。

　彼は普段は世界各国の料理を作っているにもかかわらず、特別にリトアニア料理のフ
ルコースいや、フルコース以上の10種類もの料理をふるまってくれました。「これがリ
トアニア料理だ！」という伝統的な料理を理解することができました。

　スキマンタスさんは最後に「私の父がやっていたビールの飲み方を教えるよ！」とビ
ールをグラスに注いで、サワークリームを入れて混ぜて飲むところを見せてくれました。
私も少しだけ飲みましたが、意外なことにそんなに違和感がなかったのです。

　「普通のリトアニア人はこんな飲み方はしますか？」と同席していた人々に聞くと、み

な首を横に振っていました。

　この時以来、私はバルト三国にあるコンビニ「サークルＫ」のホットドックや、日本のスーパーで売られているマンティンガのパイシートを見つけては、マリヤンポレを思い出して購入しています。

# バルト三国の人々が
# 心待ちにする夏至祭

カウナス（Kaunas）郊外に暮らすリナさんは菜食主義の女性です。リビングにソダス（Sodas）が飾られていました。ソダスは糸でライ麦の藁を幾何学立体に組み立てその周囲に鳥、天使、太陽などを藁でかたどった飾りを付けて天地万物を表した飾りです。

天井から吊るすインテリアとして愛されています。スウェーデン、フィンランド、エストニア、ラトビア、ロシアなどにも似た飾りが存在し、各国で意味が違います。藁で作られた軽いソダスが部屋の中で風や人の動きでくるくるとゆっくり回ります。私的考察ですが、長い冬の間、外に出られないため、光と陰の動きで自然を視覚的に感じる室内装飾ではないかと思っています。

リナさんは「お茶にするけど、どんなハーブが好きかしら？」と私に尋ね、庭に出てハーブを摘み始めました。ハーブをティーグラスに入れ、お湯を注ぐと爽やかなミントの香りが立ち込め、たちまち透き通った美しい緑に変わりました。

リナさんの自宅に伺ったのは６月中旬でした。６月末の夏至の日が近かったので、私はリナさんに夏至祭には何をしているのか尋ねたところ、夫のネリユスさんと毎年伝統的な夏至祭に参加すると教えてくれ、私も同行させてもらえることになりました。

夏至祭はバルト三国に暮らす人々が、１年で最も楽しみにしている行事です。冬が長く日照時間が短いリトアニアの人々にとって日照時間が最も長い日は、特別大事に過ごしたい気持ちは理解できます。各地で夏至祭のイベントを開催しているので、自分が興味のある夏至祭に参加することができます。リトアニアでは、この年、多くの場合は６

月23日の夕方から行われるようでした。国や場所によって開催日が前後することがあるので、都度確認した方が良いそうです。

　夏至祭当日、リナさんたちと向かった会場は、カウナスから南に車で40分の場所にあるプリエナイ（Prienai）という小さな街にあるダウクシャギレス邸宅（Daukšiagirės dvaras）の庭です。邸宅の庭に入ることができるのは予約をした人だけでした。

　午後8時過ぎ、会場に到着した時にはすでに、数十人が邸宅の庭に集まり、花冠を作っていました。ナラの木の大きな葉や小さな花々を集めては、自分好みの花冠を作っていました。花冠には皆こだわりがあるようで、いくつか作ってその中で1番良いものを頭に乗せたり、作るのが得意な人が花冠を作って友達にプレゼントしたり、自分の家から持参した芍薬の花を使った花冠を頭に飾ったりしていました。

　夜10時を過ぎ、庭の中に流れる小川を渡った場所へ移動しながら、リトアニアの伝統音楽のスタルティネス（Sutartinės）を唄います。スタルティネスは2010年ユネスコの世界無形文化遺産に登録されたリトアニアの北東部アウクシュタイティヤ（Aukštaitija）地方に伝わる多声合唱です。リトアニア語でスタルティネスは「調和する」「一致する」という意味があるそうです。1人がフレーズを唱うと、時間差で別の人が同じフレーズを歌って輪唱します。この日は1人の女性が最初のフレーズをリードし、チームに分かれてその女性のフレーズを繰り返し輪唱する方法で合唱しました。言葉の意

味がわからなくても、音だけ聴いて真似ることができました。一緒に唄った人々と不思議と一体になれたような感覚があったのです。

　午後10時過ぎ、地平線の下に隠れた太陽の残光が薄紫の空を創り出します。薄紫色を背景に花冠をかぶる人々が円陣を組み、合唱する光景はまるで絵画のような光景です。

　真っ暗になる前にスタルティネスは終わり、太くて大きなナラの木が並んでいる場所へと移動しました。事前に準備していたナラの木の葉で作った門を1人ずつくぐり「旧い年から新しい年にようこそ！」と門の向こうの新しい年の側にいる人とハグをしました。

　太陽が完全に沈み真っ暗になると、私は自分の身体とまわりの境目がわからなくなりました。何か大きなものに吸い込まれ埋没していくような心地良さです。リナさんとネリユスさんは、温かいハーブティーを私に持って来てくれて、チーズが乗ったオードブルを勧めてくれました。腰を下ろしながらお茶で暖をとっていると、2mほどの焚き火が点火されされました。すると、人々は焚き火を囲んで輪になって踊り始めました。そ

のうち小さなグループができて知らないもの同士がフォークダンスを踊ります。私もダンスを楽しみましたが、さすがにヘトヘトになりました。「踊ろうよ！」というパワフルな人から逃げるように腰を下ろし、暗闇の中激しく赤く燃える炎の周りで人々が乱舞する様子を見ながら、地元の夏至祭に参加できていることに喜びを感じました。

　何時ごろなのかわからないほど遅くなったところで「そろそろ帰りましょうか？」とリナさんに声をかけられ、暗いなか家路につきました。日の出は早朝4時半。あと少しで太陽が昇り、夏至祭は終わりを告げます。

ケダイニェイ（Kedainiai）

# きゅうりアイスと
# 水餃子（ヴィルティヌカイ）

٠٠•٠•٠•٠•

　私はリトアニア最古の街、ケダイニェイ（Kedainai）に向かうことにしました。1372年にはケダイニェイという街が存在したという記録があります。執筆者はリヴォニア騎士団の記者だったヘルマン・デ・ヴァルトベルゲ（Hermanni de Wartberge）。1196〜1378年の歴史について執筆した『Chronicon Livoniae』という本の中の記述です。ここに記されているケダイニェイがリトアニア最古の街と言われる所以だそうです。

　私のケダイニェイでの目的は2つ。1つはケダイニェイ博物館を訪れること。もう1つは「きゅうりアイス」なる珍しいデザートにありつくこと。そう、ケダイニェイはリトアニアで「きゅうりの首都」とも呼ばれている場所なのです。

　6月後半、1年で1番暑いのではないかというくらいの気温の日に訪れました。カウ

ナスからバスで1時間ほど北に向かうと、ケダイニェイのバス停に到着します。旧市街へはこのバス停から炎天下の中歩くこと約30分。そろそろ暑すぎて倒れるなと思ったころにインフォメーションセンターを発見しました。

　センターに入るなり「地域博物館に行きたいのと、きゅうりアイスを食べたいです」と、びっしょりと汗をかきながら聞いた私に「まず座って！」と職員はコーヒーやお菓子を出してくれました。アイスの場所だけ教えて欲しいと思いながらも、彼らの親切を無下に断るわけにもいかず、ご相伴にあずかることにしました。出してくれたコーヒーを飲みながら、遠い日本からリトアニアそしてケダイニェイに来た理由を説明すると、「残念だけど、今日は博物館が休みよ！」いきなりショックな情報を聞いた私は自分の事前調査の甘さを後悔しながら、頭を抱えました。「でも、きゅうりアイスは食べられるから」と励ますようにレストランの場所を教えてくれました。

　はちみつときゅうりジャムがかけられた三角のきゅうりアイスには、乾燥させたと思われるきゅうりが入っています。「きゅうりとアイス」という怪しめな組み合わせは、

意外にもバニラアイスとのマッチングが爽やかで暑い日にぴったりです。食べながら博物館行きの代わりのプランをスマートフォンで調べていました。すると、「ケダイニェイにはヴィルティヌカイ（Virtinukai）の有名店がある」という情報が出てきました。ヴィルティヌカイとは、水餃子のこと。ロシアやポーランドで人気の水餃子はリトアニアでも好まれます。店の場所は今いるところから少し距離はあるけれど、他に歩いて行ける店もあるのではないかと、旧市街周辺を1周してからインフォメーションセンターに戻りました。

「ヴィルティヌカイのおいしい店はこの辺りにありますか？」

先ほどの女性職員が出て来て、何やら別の職員と話をしています。すると「ヴィルティヌカイが有名なラガネ（Raganė）に連れてくよ！　行こうよ！」なんと、2人の職員が日本からやって来たただの観光客を車で案内すると言うではありませんか！　私は「大丈夫！　1人で行けるから！」と返しましたが、「バスもほとんどない場所だから案内するよ！」とすでに車のキーを手にしています。

こんなに親切なインフォメーションセンターが世界中のどこにあるでしょうか？　親切すぎる彼女たちは、ケダイニェイツーリズム＆ビジネスインフォメーションセンター

（Kėdainiai Tourism And Business Infomation Centre）のセンター長のダイナさんとマネージャーのリナさんでした。こうなったら私は彼女たちの優しさに甘えるしかありません。車で15分ほどのお目当ての店「ラガネ」に到着するとリナさんとダイナさんは、店のオーナーに私について説明してくれて「じゃ少しずつ試してみたら良いね！」となりました。

中華料理の水餃子との違いは、大きく3つ。包み方。ひと口サイズ。そして、ソースはサワークリーム、細かく刻まれたベーコン、飴色の玉ねぎソース。それぞれの中には肉やチーズ、野菜、きのこなどが入った7種類のヴィルティヌカイを少しずつ出してくれました。ラッキーなことに地元の人に愛されているヴィルティヌカイにありつくことができました。

少しずつでも7種類を食べるとお腹が満たされるものです。車で連れてきてくれた2人分も合わ

せて3人分のお会計をしようとすると、オーナーは「払わなくていいから！」と言うではありませんか。なんと、サービスだそうです！

　日本でもよく見かけるレジ前のおばちゃん同士の争いのごとく「それは困るから」と訴えたものの、断固としてお代を受け取ってもらえませんでした……。その後、ダイナさんとリナさんは邸宅跡の公園と市庁舎内部を案内してくれ、なんと、最後はバス停まで車で送ってくれました。私は国の要人になったのではないかと誤解するほどの厚遇で見送られたのです。
「ケダイニェイ、ありがとう！」バスに乗りながら心の中で叫びました。

# 1997年4月1日の独立宣言

ウジュピス共和国
( *Užupis respublika* )

　ヴィリニュス（Vilnius）の旧市街から歩いて少し離れた所にウジュピス共和国（Užupio respublika）という場所があります。「え？　リトアニアの中に共和国？」と私は不思議に思いました。

　ウジュピス共和国は、1997年4月1日のエープリルフールに独立宣言しました。実際は誰の承認もなく、勝手に独立宣言した未承認国家なので入国審査はなく「入国」できます。もともとヴィリニュスの中でも、ユダヤ人労働者が住む治安が悪く汚いエリアだったそうです。

　1991年リトアニアが独立回復をしたころから、貧しいアーティストたちがその安い家賃を目当てに移り住むようになりました。その後、治安や衛生環境を整えるためにウジュピス共和国を設立し観光地化しました。リトアニア人はバルト三国の中でも明るく商売上手な人々というイメージがありますが、このウジュピス共和国の成り立ちを知り「なんてリトアニア人らしい。随分とシャレが効いたことをするのだなぁ！」と思いました。

　そんなウジュピス共和国に「入国」してみたいと、共和国にあるホステルを予約しました。旧市街からヴィリニャ川（Vilnia）を跨ぐ橋を越えると、道の両側を彩るストリートアートが目に入ってきます。洒落たカフェやレストランやお土産店などが並ぶ細い道を通り過ぎると、もう一度ヴィリニャ川が流れる橋を渡ってしばらく歩きました。すると、木々に囲まれているソビエト時代に盛んに建てられた無機質なアパートの建物の外観が見えてきました。

　そこが、私が宿泊予約していたホステルでした。周りの駐車スペースには数台のキャンピングカーが停まっていました。ナンバープレートを見るとポーランド、オランダ、ドイツなどのヨーロッパ各国から来ているとわかりました。ヨーロッパの人々は長い夏休みを利用して、キャンピングカーで移動しながら旅をしている人が多いようです。

　ホステルの入口を目指してスーツケースを引きずって歩いていると、洗濯物を入れたカゴを持った初老の女性が建物から出て来ました。トイレやキッチン、ベッドなど完備

されているキャンピングカーで旅をしても、長期旅行の場合は洗濯をしたりシャワーを浴びたくなるのでしょう。そのような人も利用できる便利なホステルです。

　外観は旧ソビエト時代の建物に見えますが、驚いたことに内部はまったく様子が違いました。オーナーのセンスが光る受付は木がふんだんに使われたり、飾りの暖炉が設置されてどこかのリゾートホテルにいるかのような、心地の良いフロントでした。

　チェックインを担当してくれたスタッフの女性がこのホテルの造られたエピソードを話してくれました。オーナーが初めの数年間ここで寝泊まりしながら古いアパートをホステルとして使えるように、こつこつリノベーションをして造りあげたそうです。今ではこの他にも古い施設をセンス良くリノベーションして造った宿泊施設がリトアニア国内に数カ所あるそうです。

　週末は野外ライブフェスを開催したり、バーベキューができます。建物の外にはキッチンカーがあり、軽食やドリンク販売もありました。宿泊者のみならず近隣の人々も利用できるサービスも新しい発想だと思いました。旧ソビエト時代に建てられたアパートは味気なく、どこか古臭いイメージがありますが、発想を変えて施設を新しい場所として使う人々もいるのだなと感心しました。

　チェックアウト前日、夜9時過ぎにホステルに戻ると、外でバーベキューをしている人たちがいました。「おーい」とどこからか声がし、「一緒に食べて行かない？」と声をかけてきます。よく見るとフロントで受付をしてくれたスタッフの女性でした。彼女の家族と親戚は週末よくみんなで集まってご飯を食べるそうです。

　私は翌日早い時間に発つ予定がありましたが、せっかくのお誘いなので少しだけ家族のバーベキューに加えてもらうことにしました。味付けされた肉や野菜を丁寧に焼いてくれて、まるで私も彼らの家族になったような楽しい時間を過ごしました。

　「また戻ってこようかな」そんな気持ちになった場所と時間がヴジュピス共和国にはありました。

　毎年4月1日だけはパスポートがないと「入国」できないそうなので、忘れないようにしないと。

## 酪農家のお宅拝見

•••••••• バブタイ（Babtai）

　リトアニアのバブタイ（Babtai）で
酪農を家族と営む女性、レジーナさんが
私を1泊させてくれるという願ってもな
い機会をくれました。乳製品はバルト三国で非常に重要な食料です。そんな乳製品の元
となる牛乳を生産する酪農家の生活に密着できることは、私にとってとても嬉しいこと
でした。

　リトアニア第2の都市、カウナス（Kaunas）から北へバスで1時間ほど行った場所
に「バブタイ（Babtai）」というバス停があります。バスを降りると、すでに私の到着
を待ってくれているレジーナさんがいました。

　バブタイのバス停からレジーナさんの車で10分。あたりには畑と牛舎とレジーナさ
ん一家の家しか見あたりません。土地の広さは140ha。東京ドーム約30個分だそうです。

　まず2階の部屋を案内してくれました。「今日泊まる部屋はどこにする？」と3つも
部屋を見せてくれます。私は東京の狭い場所に慣れているからか、なんとなく落ち着く
最も小さい部屋（と言っても10畳ほどの大きさ）を選びました。近年、リトアニアで
も猛暑が続くことから2階の部屋には簡易型クーラーを買ったそうです。部屋の真ん中
に大きなクーラーが鎮座し、ルーフウインドウへクーラーのホースが出ていました。階
段を降りると、レジーナさんの義理の妹アイステさんと娘のガビヤさん、モニーカちゃ
ん姉妹がキッチンに集まってきました。

　「さあ、おやつを作ろう」と皆でカッテージチーズのパンケーキを作り始めます。さす

が、家族です。何も話し合わ
ずとも、それぞれが必要な作
業をしてあっという間にパン
ケーキができあがります。摘
んだばかりのいちごに砂糖を
「ざざっ」とかけて子供たち
がフォークでつぶしたら、フ
レッシュジャムのできあが
り！　パンケーキにかけてみ
んなで食べます。

　皆のお腹が満たされたとこ
ろで午後4時過ぎ。「さぁて、

これから仕事に行くよ！」
とレジーナさんが気合いを
入れながら、準備を始めま
した。オーバーオールの作
業服で颯爽と登場しました。
牛の搾乳はレジーナさんと
アイステさんの女性チーム
の仕事です。1日2回。朝
は5時、夕方は4時半から
3時間で約100頭の牛の乳を絞ります。

　1993年にレジーナさんの両親が1頭
の牛と数頭の羊から始めた酪農業。両親
の跡を継ぎ、レジーナさんと弟のアンタ
ナスさん、そしてそれぞれの家族9人が
同じ屋根の下で生活しています。
　牛舎へ向かうと牛の匂いと少し酸っぱ
い匂いが漂ってきます。酸っぱさは牧草
を発酵させた飼料の匂いです。乳牛が約
100頭、雄牛と子牛はそれぞれのエリア
に分かれ、その他の動物も入れると約
60頭います。レジーナさんとアイステ
さんは、1人は乳牛を搾乳室に誘導し、
もう1人は搾乳室で搾乳機を牛の乳に装着します。搾乳室に入ってくる雌牛を指しなが
ら「この子は、普段フレンドリーなのに搾乳だけ嫌がる子なのよね」と教えてくれます。
予言通り、その牛は暴れて搾乳機を何度か外してしまいます。彼女は根気強く装着させ、
どうにか搾乳を終わらせていました。

「牛乳飲む？」とレジーナさんが搾乳されたばかりの
乳をコップに入れてくれました。「本物の牛乳」は意外
にも想像していた濃厚さはなく割とあっさりした味。
熱くもなく冷たくもない牛の体温の牛乳を飲むのは初
めてでした。
　水槽には牛が飲む水が満タンに入っています。搾乳
後の牛たちは水を大量に飲むため、牛の口が届かない
ほど水がなくなってしまいます。10歳のガビヤさんは
すぐに水を継ぎ足し、レジーナさんとアイステさんの

手伝いを見事にこなしています。

　牛の乳搾り、牛舎の掃除など
すべての作業を終えたのは、3
時間以上経った午後7時半過ぎ
でした。次は早朝5時から同じ
作業を行います。1年365日、
毎日2回の搾乳を行わなければ
牛たちは健康を害してしまいま
す。たった一度の搾乳作業を「見ていた」だけなのに、
命持つものを相手にする酪農が、どれほど重労働で、
重責を担うことなのか理解できました。

　一方、男性チームは玄関の前で一服していました。
彼らは60ha（東京ドーム約13個分）ある牛の飼料用
のとうもろこし畑を育て飼料を作っています。

　リトアニア中規模酪農協会に所属するレジーナさんには悩んでいることがあるのだそ
うです。近年、リトアニア政府とEU（欧州連合）は、太陽光発電機の導入及び、肥料
やとうもろこしから発生するガスをエネルギーにする施設の建設などのグリーンエナジ
ー事業を強く推進しています。その実現には、特別な施設を敷地に建てる必要がありま
す。政府などから50％（付加価値税（VAT）21％は含まず）の補助金が出ますが、そ
れでもレジーナさんたち酪農家の出費は発生します。そして施設を建てたとしても、確
実に消費するエネルギーが少なくなる保証はありません。

　グリーンエナジーよりも先に、レジーナさんたちは確実に作業が大幅に楽になる搾乳
ロボット建設を目指しています。このロボットは非常に高価なため、グリーンエナジー
への投資金を捻出することが難しいのです。さまざまな条件の折衝のため、協会から政
府に申し入れをしているところだそうです。

　夕食の後、女性チームが私を1階の子供部屋に案
内してくれました。ガビヤさんがピアノ演奏を披露
してくれ、彼女の名前が書かれた白い紙で折られた
鳥のプレゼントをもらいました。少女からの心のこ
もった白い鳥は、その後私と共に旅をする大事なお
守りになりました。

カッテージチーズのパンケーキのレシピ　P43

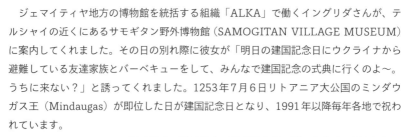

テルシャイ（Telšiai）

# リトアニアの建国記念日

　2022年7月初め、私は北西部の街テルシャイにいました。テルシャイ（Telšiai）はリトアニアに5つある文化区分地域のうちの1つ、ジェマイティヤ（Žemaitija）地方の中心都市です。

　ジェマイティヤ地方の博物館を統括する組織「ALKA」で働くイングリダさんが、テルシャイの近くにあるサモギタン野外博物館（SAMOGITAN VILLAGE MUSEUM）に案内してくれました。その日の別れ際に彼女が「明日の建国記念日にウクライナから避難している友達家族とバーベキューをして、みんなで建国記念の式典に行くのよ〜。うちに来ない？」と誘ってくれました。1253年7月6日リトアニア大公国のミンダウガス王（Mindaugas）が即位した日が建国記念日となり、1991年以降毎年各地で祝われています。

　振り返ると私は日本の建国記念日に皆で集まり、何かしたことは確かなかったはず……仕事が休みだから寝ていただけだったような。

　現地の人と一緒にリトアニアの「建国記念日」を過ごすことができる願ってもないチャンス。「参加させてください！」参加表明しました。

　イングリダさんの自宅は、テルシャイのマスティス湖（Mastis）沿いにあります。美しい赤茶色の家に私が到着するとイングリダさん、夫のオーレリウスさん、高校生の息子さんと3人で出迎えてくれました。オーレリウスさんは庭で肉を焼きながら庭に香ばしい匂いを放っていました。日本には「鍋奉行」がいますが、それまでのバーベキューパーティを思い出すと、バルト三国には「バーベキュー奉行」がいるような気がしています。

　マスティス湖が一望できる広いリビングで、私は飼い猫のメシュカ（Meška）に遊んでもらいながらパーティーのメンバーが揃うのを待っていました。メシュカとはリトアニア語で熊の意味。熊はジェマイティヤ地方の紋章に入っているシンボルです。地

元のシンボルである「メシュカ（熊）」を猫の名前につけているあたり、一家のジェマイティヤ地方への郷土愛の強さがうかがえます。

さて、イングリダさん一家の友人であるインナさんとその娘の女子大生のアナスタシーアさん、息子の中学生ダニーロさんの３人も到着しました。彼らはウクライナの南部オデーサが故郷です。2022年2月24日にロシアがウクライナを攻撃してすぐにオーレリウスさんはリトアニアに避難するように彼らに連絡を取ったそう。ロシアの攻撃が厳

しくなる中、2022年の4月初めに意を決して避難することにしました。オデーサを出発した３人は、ポーランドのワルシャワでリトアニアから車で迎えに来たオーレリウスさんにピックアップされました。オデーサを出てから３日後に、ようやくテルシャイに到着したそうです。ウクライナでは出国できる男性の年齢が限られているので、アナスタシーアさんの父はウクライナに残っていました。

焼きたてのジューシーな肉、地元メーカー「ジュガス（Džiugas）」のチーズなど、記念日を祝う料理がテーブルに並んでバーベキューパーティーが始まりました。

母国が戦争状態の人に対して一体何を話題にするべきなのか、皆目見当がつかないため「できるだけ戦争のことは触れないようにそうっとしておこう……」そう考えていました。

しかし、食事が始まるとアナスタシーアさんは「戦争のことならなんでも聞いて！」と、まるで私の心を読んだかのように語るではありませんか。なんという、精神の強さよ！

宴もたけなわになったころ、アナスタシーアさんの大学生活の話になりました。「9月からオデーサの大学に戻ろうと思ってるの」「それは……危ないんじゃないかな？　しばらくはリトアニアにいた方が……」と心配する私に、「大丈夫よ、大学にシェルターがあるからサ

イレンが鳴ったら、避難すればいいの」国の存亡がかかった状況にもかかわらず、それでも「学びたい」そう望む若者を誰が止められるでしょう。彼女にどんな言葉をかけても軽々しくなってしまう気がして、ふさわしい言葉が見つからないのです。

　建国記念式典が開かれるため、テルシャイ大聖堂（Telšių Šv. Antano Paduviečio katedra）前の広場へ皆と一緒に向かいました。

　街中に響くほどの力強いリトアニア国歌斉唱に、私の胸は熱くなりました。それは、幾度も国土を失ったリトアニアの人々が表す「建国」記念日の主張でした。

ウテナのヴィダさんに教えてもらった

# シャルティバルシチェイ 〜 Šaltibarščiai 〜

## 材料（2人分）

- ケフィアヨーグルト
  500g
- 茹でたビーツ 120g
- きゅうり 120g
- ディル お好みの量
- 青ねぎ お好みの量

添えるじゃがいも

- じゃがいも 350g
- 塩 大さじ 1/2
- ディル 少々

## 作り方

◆じゃがいもを茹でる

❶ 鍋に皮のままじゃがいもと、じゃがいもの高さほどの水を入れ、塩を加え火をつける

❷ 沸騰したら火を弱めて 20 〜 30 分茹でる

❸ フォークを刺して火が通ったかを確認し、水を切り、じゃがいもにディルをふりかける

◆シャルティバルシチェイを作る

❶ きゅうりの皮を剥き、さいの目に切る

❷ 青ネギは 8mm ほどの輪切り、ディルはみじん切りする

❸ ビーツをさいの目に切る

❹ ①②③のすべてをボウルに入れ、ケフィアヨーグルトを
  加えてよく混ぜる

## ポイント

ケフィアヨーグルトがない場合は、ヨーグルトとサワークリームを混ぜて代わりにすることも可能です。ビーツはりんごジュースに漬けられている瓶詰めがリトアニアではありますが、日本にはありませんので普通のビーツの缶詰などを使うと便利です。

ヴィリニュスのダイヴァさんに教えてもらった

# キビナイ ～ Kibinai ～

## 材料（作りやすい量）

**生地**

- 薄力粉 125g
- 強力粉 125g
  （中力粉 250g）
- バター 125g
- サワークリーム
  （脂肪率 30% 前後）75g
- 塩 少々

**具**

- 牛、ラム、豚のひき肉
  （どれでも良い）250g
- 玉ねぎ 1/2 個
- バター（有塩の場合は塩を
  加えなくても良い）15g
- 塩、こしょう、ハーブ 少々

**つや出し用**

- 卵（M サイズ）1 個

## 作り方

❶ 薄力粉、強力粉が入ったボウルにおろし金で削ったバターを入れ、サワークリーム、塩を加えて全体が混ざるようにこねる。よくこねたら丸くまとめて冷蔵庫に入れる

❷ 生地は冷蔵庫に 2 時間以上入れ、生地を休ませる

❸ バターをしいたフライパンにみじん切りにした玉ねぎを入れ、透明になり少し焦げ目がついたら火を止めて冷ます

❹ ひき肉にハーブ、塩、こしょう、③の玉ねぎを入れよく混ぜる

❺ ②の生地を太さ 2cm の棒状に伸ばし、1.5cm 幅にナイフで切って分ける

❻ ⑤を手で丸め、直径 10cm ほどに丸く綿棒で伸ばし、広げた生地の 3 分の 1 幅になるように④のひき肉を置き、生地を端から生地を合わせ閉じる

❼ 閉じた生地を片側に折って綺麗なひだを作るように間隔をあけて折っていく

❽ クッキングシートをしいたオーブントレイの上に⑦で作ったキビナイを間隔をあけて置き、つや出し用の溶き卵を上から塗る

❾ 200 度のオーブンに入れ、15 分経ったら一度出し、溶き卵をもう一度塗り、更に 5 分オーブンに入れる

ポイント

すぐに作らない場合は生地を冷凍し、前日の夜に冷凍庫から出して解凍しておきます。

このレシピはヴィリニュス近郊に住む、妻のダイヴァさんと夫のアルヴィダスさんに教えてもらいました。キビナイはスナックのように手に持ち、澄んだチキンスープと一緒に楽しむのが本場の習慣です。

カウナスのヴィクトラスさんに教えてもらった

# チキンカツレツ 〜 Vistienos Kepsnys 〜

## 材料（4人分）

- 鶏肉（もも） 500g
- コンブチャ 10ml
- 塩 少々

- 卵（Mサイズ）1個
- 薄力粉（全粒粉）10g
- 水 20ml
- 植物油 大さじ1
- こしょう 少々

ソース

- サワークリーム 20g
- 水（サワークリームが固い場合）少々

## 作り方

❶ 鶏肉を食べやすい大きさに切り、ボウルにコンブチャと塩、こしょうを入れ、鶏肉を漬ける

❷ 別のボウルに卵、全粒粉の小麦粉、水を混ぜる

❸ 油をしいたフライパンに、①の鶏肉を②に絡ませ、中火で焼く

❹ 火が鶏肉に通ったら、サワークリームを鶏肉の上にかける（サワークリームが固い場合は水を入れてのばす）

❺ 味が均等になったら火を止め、皿に盛る

## ポイント

玉ねぎ、レタス、ラディッシュをライム、塩、こしょうを合わせたドレッシングで和えたサラダを添えて、チキンカツレツと一緒に食べました。

バブタイの酪農家レジーナさんに教えてもらった

# カッテージチーズのパンケーキ 〜 Varškėčiai 〜

## 材料（2人分）

- ・カッテージチーズ　250g
- ・卵（Mサイズ）1/2個
- ・塩　少々
- ・砂糖　3g

- ・薄力粉　10 〜 20g
　（量はチーズの柔らかさによる）
- ・植物油　大さじ1

トッピング

- ・いちごジャム　お好みの量
- ・サワークリーム　お好みの量
- ・砂糖　お好みの量

## 作り方

❶ カッテージチーズ、卵、塩、砂糖、小麦粉を手で混ぜる

❷ 生地が手につくようなら、手につかなくなるまで少しずつ小麦粉を加える（材料の分量とは別）

❸ ②を直径5cmの平たい丸に成形する

❹ 油をしいたフライパンで③を焦げ目がつくまで焼く

❺ トッピングとして、いちごジャムやサワークリームに砂糖を混ぜたものを用意する

## ポイント

いちごなどのベリー系のジャムを添えて食べます。レジーナさんの家ではいちごに砂糖を加えてフォークで潰してフレッシュなジャムを作っていました。ジャムよりさっぱりしている味です。また、サワークリームに砂糖を混ぜたものをトッピングとして添えるのもおいしかったです。

# Latvijas Republika

## ラトビア

タリン★
エストニア
ルーイエナ
ヴァルカ
スミルテネ
ウーシィ
アルスンガ
ツァルニカヴァ
ユールマラ ★リガ
ラトビア
レーゼクネ
リトアニア
ヴィリニュス★

## グリーンピースは生食で

リガ (Riga)

ラトビア人は「歌の民族」と言われているほど合唱が盛んな国です。ソビエト連邦の構成国時代にはラトビア民謡を合唱することで独立の気運を高め、抵抗運動が平和的に行われていました。合唱はラトビア人にとっては団結と文化の継承です。

そんな合唱を仕事にしているリガっ子が、食材を買いに市場に連れて行ってくれるということで、市場で会うことになりました。彼女の名前はエヴィヤさん。ラトビア国立音楽院で作曲を学んだ後、合唱音楽など作曲しRiga Project Choirという合唱団に所属しています。さまざまなコンクールやプロジェクトに参加したり、合唱団の教師を務めたり、作曲活動をするといった実に多彩な才能を発揮し活躍している女性です。

私はエヴィヤさんと会う約束していたリガ（Rīga）の旧市街側からダウガヴァ川（Daugava）を渡った先にあるアーゲンスカルナ市場（Āgenskalna tirgus）に向かいました。1923年から市民の台所として親しまれ、2018年に改装のため一時閉鎖し、2022年5月に再開したおよそ100年の歴史のある市場です。

改装された市場は外観こそ茶色レンガに包まれ、長い歴史を感じますが市場の中に入ると内装は黒を基調とした若い人も楽しめるような、おしゃれな場所でした。建物の外には農家が販売している新鮮な野菜や果物が並んでいます。

ブルージーンズのジャケットを格好良く着こなすエヴィヤさんが市場の入口に現れました。彼女は店の人たちと会話を楽しみながら、じゃがいも、いちご、グリーンピースなどを手際よく食材を買っていました。

「よく来るんですか？」とエヴィヤさんに聞くと「ここは我が家から近くて、なくてはならない市場なんですよ」と教えてくれました。

市場の建物に入ると今度は加工食品の店が並びます。エヴィヤさんが浅漬けのきゅうりのピクルスを探しながらパン屋の前を通り過ぎました。彼女は連なるパン屋の並びを見ると「どの店のパンも本当に全部おいしいから、今度食べてみて！」と、顔をクシャっとさせながら教えてくれました。

私は日本のきゅうりのピクルスの瓶詰めを買うことがありますが、かなり長く漬けられているので、ピクルスというものは、酸味が強いものだと思ってました。浅漬けピクルスはディルがたくさん入ったピクルス液に1日漬けたらできあがるものだそう。表面にだけピクルスの風味が付いたきゅうりと生のきゅうりを組み合わせてスープを作るそうです。

2年前からヴィーガンのエヴィヤさんはこの日、ラトビア料理のヴィーガンバージョンを作ってくれました。ラトビアは、食物アレルギーやヴィーガンにフレンドリーな国です。スーパーにはラクトースフリー、グルテンフリー、シュガーフリーなどのコーナーが設けられ、ファストフードでもグルテンフリーのバンズも選択できます。制限された食生活をする人にとっては非常に便利な国だと思いました。

市場から15分ほど歩いた閑静な住宅街の一画に、2階建ての邸宅があります。エヴィヤさんの育った場所であり、現在も彼女のお母さんが住む家です。エヴィヤさんは現

在近くのアパートに住んでいますが、実家にもたまに立ち寄るそうです。家に入るとエヴィヤさんは「ちょっと着替えてくるわ！」と、食事を作る気合いを入れるため服を替えました。

バルト三国には欠かせない冷製スープ（Aukstā zupa）を作り始めました。通常はこのスープには乳製品のケフィアヨーグルトが使われますが、ヴィーガンバージョンなのでオーツミルクを使います。「このスープを作る時はお決まりで、凄惨に見せることなの！」と言い、真っ白なボウルに、茶目っ気たっぷりに瓶詰めのビーツをぶちまけました。真っ白なボウルに真っ赤なビーツの液が飛び散り、ボウルの中はホラーのような衝撃的な状況になりました。ひょうきんなエヴィヤさんの人柄を感じました。「料理をするときは味見はしないポリシーなの！」と彼女は言います。できあがった料理の色が良ければ、自ずと味はおいしいと考えているそうです。

「ハーブが欲しいなあ！」とエヴィヤさんが玄関から庭に向かうと、ちょうどエヴィヤさんのお母さんが仕事から帰宅しました。そうこうしているうちに、お母さんのボーイ

フレンド、エヴィヤさんの友人も家に集まってきました。

　市場でエヴィヤさんが選んだグリーンピースは、みんな大好きな夏のラトビアのスナック。生のグリーンピースの房を開け、中の豆を親指でポロポロポロと取り出して口におもむろに運びます。中の豆がなくなった房がどんどんボウルに集まっていきます。

　生のグリーンピースを食べる習慣がない私はびっくりしました。「日本で生でグリーンピース食べている人いないよ！」と私が言うと「ありえない！　こんなにおいしいものを！」と口々に言いながら笑っていました。

　食べてみると豆を噛むほどに甘味が口の中いっぱいに広がり、私も段々と癖になってきました。手を動かして食べながら、おしゃべりしていると気付かないうちになくなっている日本の「殻付き落花生を食べる現象」を見たような気がしました。

# 旧ソ連時代の古い車輌旅

リガ (Riga)

　リガ中央駅から列車で50分のユールマラ（Jūrmala）を目指しました。私は幾度かこの駅を利用しましたがいつも何を勘違いしているのか、チケットを買う時に教えてもらったプラットホームの番号に行くと、いつまでも乗れないという状況に陥ります。都度、私は車掌さんに聞いて正しいホームへと導かれるのでした。

　次こそは間違えずにたどり着けると信じて行くのですが、一度も正しいホームに出られたことがありませんでした。根本的に間違えているのだと推察していますが、未だに解明できていません。

　ホームで待っていると「タイムスリップしたかな？」と錯覚するほどの古い車輌がこちらに近づいてきました。列車のボディは青、黄、白の旅立ち前に気分が高揚する色です。調べてみるとこの列車は1962年から1984年まで製造していた車輌型でした。エストニアとリトアニアの列車に乗った経験はありましたが、どちらも2010年代以降に製造された新しい列車でした。エストニアとリトアニア両国に挟まれたラトビアで古い車輌が今だに現役なのは驚きでした。

　「これから旧ソ連時代に作られた古い列車に乗るよ！」と、少々興奮気味に電車に詳しい日本の友達に知らせると「いつか乗れなくなるかも知れないから、写真を撮りなさいよ！　特にパンタグラフね！」と指示するメッセージがきました。

　ホームから車内に乗り込むには、幅が狭く急なステップが3段ほどありました。「うーん、これは難しいな」と思いながら、私は大きなスーツケースと一緒に乗る必要があ

るため、諦めるわけにはいきません。先に荷物をステップに乗せて荷物を押し上げようとしたところ、予想通りではありましたが、荷物が重すぎてスーツケースと一緒に後ろ向きにバタっと45度で倒れていくのです！

　「ああ、これはもう地面まで落ちて、

後頭部あたり怪我するだろうなぁ」と落ちる場面がスローモーションで流れたその瞬間、後ろから若いお兄さんが私の大きなおしりを支えてくれるではありませんか！
「お兄さんありがとう！　パルディエス（Paldies）！」

「やれやれ」といった表情で、私を一瞥しながら乗り込む他の乗客たちに先を譲り、車輌に入ると車内の天井が大理石風でレトロ感が漂っています。座席は３人掛けの直角の長椅子です。

　列車が動き出すと車掌が検札し始め、次の駅から乗って来た乗客だけに声をかけては、また検札します。その繰り返しが続いていきます。人物の容姿を覚える記憶力は長年の経験なのか、はたまた才能なのだろうかと車掌と乗客のやりとりを観察しながら考えていました。

　ふと、見ていると向かいに座っている女性の検札を忘れられたらしく、彼女が車掌に「私のチェックしてないよ」と声をかけていました。よく乗っているであろう常連さんには、長めに話をする場面も目に入ってきました。まるで昔の列車の旅が目の前に再現されているかのようでした。

　キャッシュレスや、自動改札など便利な旅で、ひと言も話さず移動できていることに慣れていた私は、忘れかけていた人々の助け合いや温かみを久しぶりに思い出しました。一緒くたではない人間らしいサービスが、人と人の距離を近くしていると感じました。

　　列車は次第にリガ湾の穏やかな海の景色が車窓から飛び込んできます。ユールマラに近づくと、ビーチと木々が混ざり合う景色に変化していきます。待ち合わせのスロウカ駅（Sloka）に到着すると、この地に住むアグネセさんと娘のアマンダさんが待っていてくれました。
「ラトビアの列車はエストニア、リトアニアに比べて古いですよね」と話すと「ラトビアは鉄道に投資するのはどうしても後回しなのよね。別のことに使っているんだろうなぁ」と教えてくれました。

　荷物を車輌に乗せやすくして欲しい気持ちとは裏腹に、これからもラトビアの古い列車が残っていて欲しいと思ってしまうのは、ないものねだりですよね。

## 野外ライブと
## ちょっと微妙な人間関係

ユールマラ（Jūrmala）

　シングルマザーのアグネセさんは15歳の娘アマンダさんと2人暮らし。ラトビアに入って最初の週末、この日からユールマラ（Jūrmala）にある彼女たちのアパートに寄留させてもらうことになりました。スーツケースの荷解きをしながら、前日までの写真データを整理していると、おもむろにアグネセさんが尋ねます。「今夜私の好きなバンドの野外ライブがあるだけど、一緒に行かない？」

　野外ライブはラトビア国内からさまざまなバンドが出演するステージで、特に夏は各地で多くの野外ライブが開催されます。子どもから大人まで観客として参加し、皆ノリノリで楽しむのです。そんなライブ事情を話に聞いていた私は、一も二もなく彼女の車に同乗してライブへ向かうことにしました。

　旅先でこうしたチャンスはいつ巡って来るかわかりませんから、「来た！」と思った時にその誘いに乗ることにしています。そこでは観光地とは違った、現地の人々の顔が見えるからです。私はそんな「文化の庭」に、ほんの少しだけおじゃまするつもりで飛び込みます。

　さて、現地に到着すると、アグネセさんのお目当てのバンドは大変有名で、アリーナにはすでに人でごった返していました。「私たちが学生だったころね、すごい人気のバンドだったの。思い出すわぁ〜〜〜！」と人混みをかき分けかき分け前方に辿り着き、当時の熱狂っぷりを彷彿とさせるように踊り狂うアグネセさん。これは、負けていられない！

　知らない曲ながらも、私もこれでもかと全身全霊でリズムに身を任せていると音楽は偉大なものでアグネセさんとだけではなく、周りの人々とも不思議と通じ合ったような気分になるのでした。

　アップテンポな曲から、アグネセさんたち往年のファンにとって懐かしの名曲がかかった瞬間、観客がさらに盛りあがりをみせます。

　しかし、ここで私は何か違和感を覚えます。アグネセさんの様子がなんだかおかしいのです。ゆ

っくり注意してみると、なんと後ろから知らない手が、アグネセさんの身体に伸びているではありませんか！　けしからん、いたいけな婦女子に何ということを！　とイキリたった私は、その手をアグネセさんから何度も引き剥がしました。それでも再びその手は同じ場所へ伸び、私とその手の主はしばらくアグネセさんの腰をめぐって攻防戦に。いよいよこれは何とかせねばと思った瞬間、アグネセさんがこちらに目配せをして「大丈夫よ」というのです。え？　どういうこと？　知り合いだったの？　もしかすると私はとても失礼なことをしていたのでは……と若干青ざめつつ状況を飲み込めずにいると、「実は出会い系でずっとやりとりしていた男性に、ここで偶然見つかっちゃったみたい」と彼女は続けます。その微妙な関係と行動のギャップに、私はもうライブに集中どころではなくなってしまいました。

　ライブが終わると、先ほど私と攻防戦を繰り広げた男性がアグネセさんを待っていました。「ボーイフレンドがいるって言ってるんだけどね、わかってくれないみたい」とアグネセさん。ボーイフレンド……までいるんですか!?　やるな〜、そして男性の方も粘るな〜。

　その後、夜もふけ眠くなった私を見て、アパートまで送り届けてくれた彼女。しかし、心配する私をよそに「彼にちゃんと説明してくるわ」と再びライブ会場へと戻りました。
　私も体力に自信はある方ですが、体力だけではなく情熱とパワーに圧倒されてしまいました。翌朝起きると、彼女はすでに起床しています。いつ帰宅したのか聞くと、「朝5時、でも彼にも理解してもらえたし、最後までライブも楽しめたわ！」と。「中学生の娘のアマンダさんには昨夜のことは刺激が強すぎる。何ごともなかったように振る舞おう」と1人考えていると、アグネセさんはすでに昨夜の男性の話を娘に報告しているではありませんか。アマンダさんは「ママはモテるからねぇ！」と、まるでいつものことのように笑っていました。ああ、悶々としていた私がなんだか恥ずかしい！　でも、一瞬の野外ライブからちょっとした男女の恋愛事情を垣間見られて、これもまた1つの「ラトビア」に触れたような気がしたのでした。

ツァルニカヴァ（Carnikava）

# ヤツメウナギの王国

　数年前にエストニアの小川で獲られたヤツメウナギを丸焼きにした味がアンモニア臭くて、どうしてもおいしいと思えなかった記憶があります。季節は9月初旬。ヤツメウナギの旬の時期ではありません。エストニアでは11月初旬にナルヴァ川（Narva jõgi）で獲れるヤツメウナギが最高だと聞きました。「旬のヤツメウナギにありつけていないから、私はおいしいと思えなかったんだ」と考えていました。私は日本でヤツメウナギの味について説明するときは、ヤツメウナギの可能性を信じて「独特の味」などと表現し、いろいろな場面で最終的な結論を先延ばしにして来ました。

　ヤツメウナギは名前こそ「ウナギ」ですが、日本で愛されている顎口類の「鰻」に対し、アゴのない無顎類に属しているかなり原始的な生き物と言われています。日本では江戸時代はたくさん食べられていましたが、現在は食べられる場所がだいぶ限られています。

　ヤツメウナギの餌は魚の血です。魚の体に直接吸盤のように口をつけ、その血をドラキュラのように吸引します。人の皮膚に吸い付けさせてみると、ドイツ車ベンツのマークのような跡が付くとエストニア人に教えてもらいました。

　その後、ラトビアでヤツメウナギ祭（Nēģu svētki）が毎年8月の第3週に開催されていると聞き、いつか行ってみたいと思っていました。2022年7月のある日、リガのヴェールマネ庭園（Vērmanes dārzs）でBALTICA2022という伝統文化のフェスティバルが開催されているのを偶然見つけました。その一画にヤツメウナギを獲る網が展示されていて、漁師がヤツメウナギがどのように網にかかるのかを直接教えてくれました。

　その漁師の名前はアルトゥルスさんです。ツァルニカヴァ（Carnikava）というラトビアの「ヤツメウナギ王国」と呼ばれている街でヤツメウナギの漁師をしています。ツァルニカヴァはリガから北へ25km離れた場所にあり、452km続くラトビア最長の川であるガウヤ川（Gauja）がリガ湾（Rīgas līcis）に流れ出る河口にあります。

「漁の時期は8月から翌年の2月初めまでだよ。7月はヤツメウナギは獲らないから食べられないけどツァルニカヴァに来る？」とアルトゥルスさんが誘ってくれ、数日後ヤツメウナギの王国をこの目で見られることを楽しみに向かいました。

アルトゥルスさんは、当日ツァルニカヴァ駅の駐車場まで車で迎えに来てくれ、この地域には5人ほどの漁師しかいないことを道すがら教えてくれました。漁師のような重労働の仕事はどこでもなり手が少ないのです。彼は漁の時に乗る船を見せてくれ、停泊した船の川の近くにある漁業事務所も案内してくれました。漁業事務所から歩いてすぐの場所にツァルニカヴァ地域研究博物館（Carnikavas Novadpētniecības muzejs）

があります。博物館の建物は、もともとラトビアのリガ（Rīga）からエストニアの南にあるパルヌ（Pärnu）に繋がる道路の交差点に1851年に造られた家を復元した建物です。室内にはヤツメウナギの漁に使われていた貴重な古い道具や漁についての詳しい説明が展示されています。

アルトゥルスさんは、その後地元のヤツメウナギ専門店に連れて行ってくれました。1尾もヤツメウナギはいませんが、店主が加工品の作り方を教えてくれました。木の樽に調理されたヤツメウナギを詰めて保存したものを販売しているということで、ヤツメウナギのシーズンになるとたくさんの人々が名物を求めてここを訪れるそうです。

肝心のヤツメウナギがないと知っていたものの、なぜ8月以降に来なかったのだろうかと後悔しました。結局、ヤツメウナギに「ぬるっ」と逃げられてしまい、彼らの味の最終的な結論を出せませんでした。

レーゼクネ（Rēzekne）

# 消滅を逃れたラトガレ陶器

〜 〜 〜

　食べ物に食器は付き物。いつかバルト三国の料理をその土地で作られた食器に盛り付けて食べたいと思っていました。

　ラトビアには「クルゼメ（Kurzeme）」「ヴィゼメ（Vidzeme）」「ゼムガレ（Zemgale）」「ラトガレ（Latgale）」の4つの歴史的地域区分に分かれています。レーゼクネ（Rēzekne）は東部のラトガレ地域に属している最大の街。そこに伝統的な手法で作られるラトガレ陶器の工房があると知り、訪ねることにしました。

　ラトビアの東部にあるレーゼクネの人口は約2.6万人。首都リガ（Rīga）から繋がる鉄道は、かつてはレーゼクネを経てロシアのサンクトペテルブルクやモスクワへと続く交通の要所でした。2020年以降はコロナ感染拡大防止の対策のため運行を停止しています。リガからレーゼクネまでは鉄道とバスがあります。鉄道は安く3時間半ほどの旅ですが、バスはそれより値段が高く約4時間の旅です。今回はバスの方が都合が良い到着時間だったので、バスを利用することにしました。

　レーゼクネに着いたらまず行きたかった場所は、街の中心にあるラトガレ文化歴史博物館（Latgales Kultūrvēstures muzejs）です。博物館の2階にラトガレ陶器が常設展示され、古い作家から現代の作家の作品までざっと500点ほど展示されているのです。

　ラトガレ陶器の特徴は、水彩絵の具のような黄色、緑、青など鮮やかな色彩と太陽や自然を表した柄です。

　実は19世紀半ばまでほとんどその陶器については知られていませんでした。

　1861年にロシア帝国の農奴制が廃止されてから、人々は生活を続けるため、天然資源が乏しい場所で水、木材、粘土、土地のすべてを使い何かを生産することを考えました。何人かの職人たちが陶器を作るのに成功し、これが弟子へと脈々と受け継がれる民芸となったそうです。

　ソビエト時代は、人々には3つの選択肢しかありませんでした。1つ目はコルホーズ（集団農場）

に入ること。2つ目は高い税金を支払いながら
陶器を製作すること。3つ目は国の陶器工場で
民生品を作る仕事に就くということでした。
それぞれの選択をしながら、職人たちは近く
のマーケットで週末に自分の生活のために陶
器を売っていました。

　1950年代初頭、ラトガレの美術史研究をしていたヤーニス・プヤーツ（Jānis Pujāts）
が職人たちの作品を収集し、それを資料にまとめたのです。ヤーニスがこれをラトビア
共産党一等書記のアルヴィードス・ペルシェ（Arvīds Pelše）の元に持ち込んで、ラト
ガレ陶器の貴重さを訴えました。このことがきっかけとなりラトガレ陶器はソビエト連
邦各地、ポーランド、ブルガリア、チェコスロバキアなど外国でも展示されることにな

り、最終的にラトガレ陶器の職人に地位が与えられること
となったのです。ヤーニスを中心とした先人たちにより、
ソビエト時代でもラトガレ陶器の職人や技術は消滅を逃れ
たのでした。

　街の中心から東に10kmほど離れた郊外にある作家の工
房を見学できると知りました。工房の主人はユリスさん。
見事な作品を作る人で
す。76歳のユリスさんは
半世紀に渡り陶器を作り続けてきた、ラトガレ陶器界
の重鎮です。

　教えてもらった場所に向かったものの、普通の家と
思って通り過ぎた入口にさりげなく陶器の看板があり、
慌てて引き返しました。

　事前に連絡していたからか、鮮やかな赤いポロシャ
ツを着たユリスさんが満面の笑みで出迎えてくれまし
た。「お父さんは英語が得意じゃないから」と奥から
出てきた娘のグンタさんが通訳としてサポートしてく
れることになりました。

　道路脇の建物が作品を販売するスペースです。その奥の部屋が工房で、部屋の中心に
焼き窯があります。前日成形して乾燥させている段階のものを触らせてくれました。1
回目に素焼きし2回目の焼きに入る前の釉薬を扱う時は、毒性の物質が発生するから気
を付けないといけないことなどを説明してくれました。裏の平屋には梯子を使わないと
器を入れることができないほど大きな窯がありました。

「ここにある窯はすべてお父さんが自分で
造ったのよ！」とグンタさんが教えてくれま
した。最初から最後までのすべての作業をユ
リスさんは1人でこなすそうです。

　工房の柱に飾られている小さくかわいい
焼き物は「頼まれて作っている大会のメダ
ル」だとグンタさんが教えてくれました。ユ
リスさんのラトガレ陶器メダルを授与され
た人々は嬉しいだろうなと思いながら、私はじっくりメダルを見ていました。

　　　　ユリスさんとグンタさんが工房の隣の畑に連れて行
ってくれました。畑の向こうにはユリスさんたちの自
宅が見えました。畑には綺麗に整えられたルバーブ、
じゃがいも、ディルなど夏の北欧の野菜が広がってい
ます。そして、ヤギが15頭。家の周りの草を喰んで
います。ヤギの乳を毎日絞り、その乳で家族が食べる
チーズを作っているのだそうです。

「ヤギの乳搾りで毎日忙しいのよ！」とグンタさんが
笑いました。

「外でコーヒーでも飲む？」とユリスさん作の「ぽて
っ」としたカップにコーヒーを入れてくれました。グ
ンタさんが作ったヤギのチーズとパンケーキが添えら
れています。気のせいかもしれませんがコーヒーの味もまろやかに感じてきました。ユ
リスさんの優しさが溢れているこの空間から離れ難くなりました。

　ユリスさんと飲んだ「ぽてっ」としたコーヒーカップは今も私と一緒にいます。

アルスンが（Alsunga）

# スイティの料理と
# 民族衣装

〜〜〜

　ラトビアのアルスンガ村（Alsunga）はユネスコの無形文化遺産です。アルスンガ村に住んだことがある人のつてを頼り、料理を教えてもらうことになりました。

　ラトビアの西部クルゼメ地方に属した、バルト海近くに位置する人口700人に満たないアルスンガ村。ここに住む人々はスイティ（Suiti）と呼ばれています。彼らは第二次世界大戦が始まる前まで民族衣装を日常的に着用していたそうです。ラトビアはプロテスタントが多数派ですが、スイティの人々は全員カトリックです。

　その理由は17世紀まで遡ります。アルスンガの地主の息子であるヨハン・シュヴェリン（Johan Schwerin）がポーランドに行った時、貴族の娘バーバラ・コナルスカ（Barbara Konarska）に恋をしました。1623年、ヨハンはカトリック信者であるバーバラと結婚するために、プロテスタントからカトリックに改宗しました。このことに反対していたヨハンの父親が亡くなるまで、彼はアルスンガに戻れませんでした。父の死後アルスンガに戻った彼は、カトリック信者の住民を厚遇したため、ラトビアではほとんどがプロテスタントであるにもかかわらず、アルスンガ村はカトリック信者が住む場所となったのです。

　ヨハンはカトリックの地域を拡大するために活動していましたが、毒殺されてその生涯を終えます。周囲をプロテスタント信者に囲まれたアルスンガ村は、閉鎖的に文化を守っていたために近代化が進んだロシア帝国時代にも、民族衣装を普段から着ていたそうです。その後、ソビエト連邦構成国時代になると不要な物として民族衣装を捨てた人も多くいましたが、アルスンガ村は民族衣装を大事に保管していた人が多く、今も他の地域に比べ文化の継承が残っています。

　アルスンガ村では「アルスンガクラフトハウス（Alsungas Amatu Māja）」という施設で料理を習いました。元は学校として使われていたそうですが、現在は民族衣装の展示室や、工芸品製作室やキッチンなどあり、歴史と伝統を保存する場所となっています。

　ここで「民族文化センター『スイティ』」協会（Biedrība "Etniskās kultūras centrs "Suiti""）のダッツェさんたちが待っていてくれました。協会は2001年にスイティの文化遺産の保護、維持、発展を支える組織として設立されました。

　教えてもらった料理はラトビア西部の伝

統的なスタイルで、中には初めて目にするものがありました。ウイグル料理のラグメンに似た、小麦粉を平べったく練ったものと、茹でた骨付きの豚肉と野菜とを一緒に食べる「ダンプリングと肉（Ķilķēni ar gaļu）」という料理です。

　この時に詳しく教えてもらったレシピは、スクランドラウシ（Sklandrauši / Suitu rauši）です。ライ麦粉を薄く伸ばして縁を高さ1.5cmに作りその中に、マッシュしたじゃがいもとにんじんを入れて焼いたものです。ラトビア全土にありますが、特に西部のクルゼメ地方でよく作られています。昔はパンを膨らませるイーストもなく、17世紀にラトビアに来たじゃがいもは金持ちが食べるものだったことから、当時は特別な行事や祭りの時に作られる食べ物として存在していました。

　料理を食べた後に「スイティの民族衣装展示を見ませんか？」と誘われました。2階で色鮮やかな民族衣装をクローゼットから出して見せてくれました。

　なんと、試着ができるというのです。自分は似合わないと予想しながらも、せっかくの機会なので試着させてもらうことにしました。「スカートが重い！」ウール100%でできているので重いのです。そして韓国のチマチョゴリのようなハイウエストなデザインです。羽織るボレロはかなり着丈が短く、身長170cmの私でも錯覚で小柄に見えます。

　どれも細かい刺繍や編み物など手芸の技術が集まった色鮮やかな衣装でした。頭に未婚の女性がつける金色の冠と肩には黄色や赤のチェックのブランケット、胸の真ん中に

　ブランケットを留める丸く赤いガラスが施されたブローチを付けてくれました。

　他のラトビアの民族衣装と比べても、ひときわ鮮やかで目立つ衣装です。外から来る人々がスイティであるか、衣装を見てすぐわかるようにするためだったと言われています。

　暑い夏にずっしりとする衣装を身に付けると、どうしても汗がじわっと出てきます。貴重な衣装を汚してしまってはいけないという意志とは別に汗は出て、ブラウスに汗が付いてしまい申し訳なくなりました。実は、変身願望などもない私が民族衣装を身に付けた途端、楽しくなって廊下に出て踊っていました。これがまさに衣装の持つエネルギーなのだと感じる経験でした。

　村に別れを告げ、夕方この日のことへのお礼がしたいとダッツェさんに相談すると「協会に寄付してくれると嬉しいな」とメッセージがありました。

　ある青年の熱烈な「愛」から始まったアルスンガ村は、その独特な文化の保全と継承が現在もなお、人々の村への「愛」によって支えられていると知る1日でした。

# 先住民族リヴォニア人の食文化

ウーシィ（Ūši）

　ヨーロッパ連合（EU）で公認された先住民族が2つあります。1つはスカンジナビア半島の北部ラップランドとロシア北部コラ半島に住むサーミ人、そしてもう1つがリヴォニア人です。

　13世紀の終わりごろから16世紀半ばまではエストニアの南部からラトビアまではリヴォニア領土でした。その地域を支配していたのが、今から1,000年以上前に誕生したリヴォニア人です。歴史の荒波に揉まれたリヴォニア領土は16世紀半ばにはラトビアの一部地域を除いて、ほぼなくなりました。そして1917年ロシア帝国に占領され彼らの土地は完全に消滅し、そこにいたリヴォニア人の多くは散り散りになってしまいました。ラトビアが独立回復した1990年以降は、元の土地の所有者に権利が返還されることになったたため、リヴォニア人の子孫が元の場所に戻り、自宅やサマーコテージとして利用しているそうです。

　リヴォニア人の集落はリガ湾側の東側とバルト海側の西側の海岸に沿って14箇所あります。その海岸と海岸の間の内陸には集落はありません。そこは水が出て、沼のような土質のため農業ができないからです。それ故、この地域いたリヴォニア人は昔から漁業しか術がなかったのです。

　最後のリヴォニア語母語話者が2013年に亡くなったという情報を聞きました。残念に思いながらも「ラトビアにまだ250人ほどリヴォニア人の子孫が残っている」という話を聞きつけ、いつかリヴォニア人に会ってみたいと思っていました。リヴォニア語はフィン・ウゴル語派に属しており、エストニア語やフィンランド語に関係が深いのです。行く先々で、リヴォニア人を探していると言い続けていたところ「リヴォニア人で料理を作っている人を知っているよ」という人に紹介してもらい、とうとう会いに行けることになりました。

　そこはコルカ岬（Kolkasrags）の1.2km
手前リガ湾沿いに位置するウーシィ（Ūši）
という場所でした。ラトビアの西部最北端の
コルカ岬はリガ湾とバルト海が混ざるのを見
ることができる人気の観光名所です。そこに
住んでいるのがジャネタさんです。彼女は1990年代はニットデザイナーとして活躍し、
2000年からは現在の場所で1902年に建てられた家に住み、リヴォニア料理を作るワー
クショップを開催したり、宿泊施設とキャンプ場を経営しています。

　彼女はリヴォニア人の食文化を継承するため、地域の人々に取材し資料を参考にしなが
ら『クルゼメ地方北部の伝統的リヴォニア料理（Ziemeļkurzemes lībiešu tradicionālie

ēdieni）』という本を2016年に出版しま
した。この日、彼女はスクランドラウシ
（Sklandrausis）※の作り方を教えてくれ
ました。薄いライ麦の生地で土手のように
丸くタルト型を作り、マッシュしたじゃが
いもとにんじんを詰めて焼く甘い料理です。
この料理にフィンランドのカルヤランピー
ラッカ（Karjalanpiirakka）との繋がり
を感じました。カルヤランピーラッカは牛
乳で煮たお米のお粥をライ麦粉と水で練っ
た薄い生地に包んで焼いた料理です。私は
薄いライ麦粉の生地を作るということが、
同じフィン・ウゴル語族に属するリヴォニア人とフィンランド人との食文化が影響して
いるのではないかと想像しています。

　※リヴォニア語：スールカクド（Sūr kakud）

　ジャネタさんはキッチンと繋がるサンルームで、料理を始めました。じゃがいもとに
んじんの量がバランスが微妙に違うことやタルトの生地の上手な作り方などのコツを教

えてくれました。部屋に何匹かのアブ
が「ブンブン」と大きな羽音を立てて
いることに、私が怖がっていると「こ
っちが脅かさないと向こうは何もし
ないから大丈夫よ！」とジャネタさん
の威勢良いひと言が出ました。

　生地の中にじゃがいもとにんじん

を入れて平たくしたらオーブンに入れ、途中で生クリームと砂糖を混ぜたものを上に乗せて再び焼きました。「一緒に庭で食べよう！」とジャネタさんが焼きたてのスクランドラウシとおいしいハーブティーを用意してくれました。

「ライ麦粉のカリカリした歯ごたえの生地と、その中に入っているしっとりしたじゃがいもとにんじんの組み合わせが最高！」と言いながら食べていると、ジャネタさんがニコッとしながら、自分の裸足を指さしました。

「大地と繋がっているとエネルギーが料理にも与えられるの。おいしいでしょう⁉　冷めると味がもっとはっきりして、それもまたおいしいのよ！」

スクランドラウシのレシピ　P68

# 伝統的ライ麦パンについて

　19世紀に造られたブランツ邸宅（Brantu muiža）の主人のイルゼさんは「ラトビアの女将」と言われています。この邸宅は1926年からは学校として使われていました。学校が閉鎖された後、2018年からはイルゼさんたち家族が住んでいます。

　彼女はそれまではリガ（Rīga）で国家公務員として仕事をしていました。しかし、小さなころから憧れていた地方での生活を実現させるため、このブランツ邸宅を購入しました。荒廃していた邸宅を自ら修復しながら、ホステス（女主人）の仕事を体験するワークショップを開催しているそうです。

　ラトビアのホステスはライ麦パンを焼くのに長けています。パンが焼けるホステスは限られており、パンを焼けないメイドたちは倉庫から粉を持って来るだけの仕事しかできなかったのです。パン作りはホステスにとって名誉な仕事でした。

　私はイルゼさんに、伝統的ライ麦パンの作り方を教えてもらうことになりました。

　イルゼさんは早速、ライ麦パンの元種と呼ばれる酵母をキープしている大きな木の桶を出しました。前回作ったライ麦パンの生地の残りとライ麦粉と水を入れて発酵させたものが、前日から入っています。どろどろのライ麦酵母が入った液体に、ライ麦粉を

2kg入れます。そこに、90度のお湯を8ℓ入れて35度になるまで待ち、1時間置きます。ベタベタした生地ができると、手をグーにして両手でパンチし続けます。「やってみて！」と言われて、イルゼさんが見せてくれたようにボクシングのサンドバッグの練習をイメージしながら、速いパンチをしました。

　このパンチをするにはかなりの腕の力を使います。ただのパン作りですが、かなり重労働です。途中で私の腕は棒のようになりました。大量のパン生地ができ、伝統的なライ麦パンを作るのに欠かせない暖炉は温められ、オーブンは準備完了です。

　イルゼさんは「できるだけ大きなメープルの葉を取って来てほしいの」と裏庭にある大きなメープルの木を指しました。私はメープルの葉を何に使うのだろうと訝しみながら、何本かある太くて大きなメープルの木の、青々として大きめな葉を選んでイルゼさんの元へ届けました。「もっとパンを焼くから足りないな」と追加リクエストがありました。

　自分の手の届く高さにあるメープルの葉を丸坊主にしたかと思うほど、たくさん抱えてイルゼさんの待つキッチンまで持っていきました。

　すると、イルゼさんは私が先に届けたメープルの葉の上に「どーん」とダイナミックにライ麦パンの生地を乗せていました。私が葉っぱの用途を聞こうとしているのを察してか「これクッキングシートの代わりね」と言いながら、メープルの葉にどんどんパンの生地を乗せて水を付けてまあるくツルツルに形を整えていきました。なんでも、メープルの葉をクッキングシートとして使うとおいしく焼けるのだそうです。

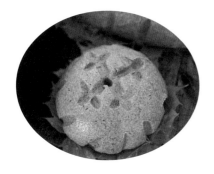

イルゼさんはツルツルのパンの表面に十字を書き始めました。それまでのパン生地を勢いよく丸く作っていたのとは対照的に、ゆっくりゆっくり指で印を書きます。この印はラトビアの土着信仰であるラトビア神道の神々を表現したものです。イルゼさんはそれぞれの線に意味があると説明してくれました。

　横に大きく引いた線は「水」縦に引いた線は「太陽」大きく書いた十字の4つの線の端にさらに短い

線を垂直に引いて交差させます。上に引いた横線は「家族や自分の周り」下に引いた横線は「すべての人」左に引いた縦線は「自分自身」右に引いた縦線は「子供の健康」そして大きな十字の交点に穴を広げるのは「すべての方向へ通じる」と言う意味だと丁寧に教えてくれました。この印は全体で地母神と言う豊穣や繁栄などの意味があるそうです。彼女がゆっくりと指で線を入れることはパンに魂を入れるような祈りの時間だったと私は感じました。

　印を付ける目的は「祈り」と同時に「時計」として機能させることにあります。指で書いた印の深さが浅くなったら発酵完了です。

　大きなオーブンにすべてを入れました。大きなパンが入っている場合は2時間半ほど焼きます。パンが焼き上がったら、水と豚の脂肪を塗ってから、リネンの布で包みます。その上から毛布を掛けて蒸らしながら、徐々に温度を下げます。焼いてから3日後から食べることができます。

　こうして、実に長い時間と多くの手間をかけてパンは出来あがるのです。

　ラトビア人の友人たちがライ麦パンを誤って落とした時、必ず拾ってパンにキスをして食べていた理由がわかりました。

## 数百種類ある
## スカートの柄

ルーイエナ ( Rūjiena )

　ルーイエナ（Rūjiena）はラトビア北部に位置する、人口3,000人ほどの小さな街です。地図を見るとルーイエナの中心から約3km離れた場所にルーイエナ城跡（Rūjienas pilsdrupas）があるので、歩いて行ってみることにしました。教会を過ぎたところで、集落がなくなりました。

　そこから先は、穂が実り始めた山吹色の麦畑が広がります。さらに歩みを進めると、晴れた青い空と森の深い緑と黄色のコントラストが目に飛び込んできました。途中のバス停付近で雑草を刈っていた男性が草が私にかからないように作業を止めて、通り過ぎるのを待ってくれていました。のんびり進むおじいさんの自転車が、歩く私をゆっくりと抜かして行きます。のどかな田舎の光景がまるで切り取られた絵のように美しく、長く堪能したいがためにゆっくり歩いて向かいました。

　次の集落を通り過ぎると、右手に墓地の真っ白なファザードが見えました。墓地の先には「ルーイエナ城跡（Rūjienas pilsdrupas）」と小さく書かれた看板を見つけました。しかし、城の痕跡はほとんどなく、周りに堀のようなわずかな凹みがあったような気がしました。看板がなければただの畑と思ってしまう場所で、私有地の可能性もあると私は急に不安になり、そそくさと城跡から離れました。ルーイエナだけではなく、バルト三国のほとんどの城は長い歴史の中で破壊されていることが多く、「城」や「城跡」はほとんど跡形もなく残っていない場合が多いのです。それもまたこの国の歴史の事実です。

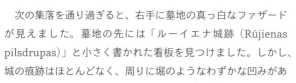

　私はルーイエナの中心部へ戻り、滞在していた宿をチェックアウトしました。スーツケースを引きながら歩いていると激しい雨が降ってきました。ラトビア滞在中はすぐ止む雨にしばしば見舞われます。スマートフォンで近くに雨宿りができそうな場所を検索すると「お土産」を売っているお店があることがわかりました。品物が濡れてしまうと悪いなと、雨に濡れたスーツケースは建物の外に放置してお店の中に入ることにしました。

　店内を眺めると、ハーブティーやはちみつ、手編みのミトン、陶器などが所狭しと並んでいます。レジの近くに洋服を着たトルソーがありました。私がしばし服を見ていると「ここで民族衣装の生地を織っているんです」と、お店の人が教えてくれました。「え!?　ここで？」見た感じはごく普通の土産店だったので、まさかこの場所で生地を織っているとは……と驚きました。

「スカートの柄はラトビア全土で数百種類あって、すべてをここで織ることができるわよ」と語るのはこの店のオーナーであるグニータさんです。彼女は私をアトリエに入れてくれました。およそ10台の機織り機を並べ、これらをすべて1人で操るそう。1本1本の糸が織り機によって重なり、少しずつ生地が生まれてくる瞬間を見ました。

　私はすごい技術を持ったグニータさんに出会うことができた興奮を抑えきれませんでした。「グニータさんが織ったスカートを日本でも履きたい」そう思った私は、トルソーに飾られていたグレーと緑のストライプのスカートを購入することにしました。「これはレンツィ（Lenči）というラトビアの古都ツェーシス（Cēsis）の近くの街の柄なのよ」と教えてくれました。ウエストと丈をすぐに調整してくれて、私のスカートが瞬く間に完成しました。ウール100％の糸で織られたスカートはずっしりとし、伝統衣装の重さを感じました。

　ルーイエナに突然降った雨が、ラトビアの民族衣装を紡ぐ女性へと導いてくれました。

　ベーコン入りの灰色豆のレシピ　P75

ヴァルカ（Valka）

# 心残りは練乳味のポップコーン

　朝1番のルーイエナ（Rūjiena）発、ヴァルカ（Valka）行きの路線バスは、1時間半田舎道をひた走ります。

　この街は、ラトビアではヴァルカ（Valka）と呼ばれ、エストニアではヴァルガ（Valga）と呼ばれています。1920年まで2つは同じ街でした。ラトビアとエストニアが分割する時にイギリスが仲介し、1つの街が2つに分かれたのです。

　ソビエト時代は、ヴァルカとヴァルガが再び同じ国になりました。この間、後にラトビアとエストニアの国境になる場所に、またがって家を建てた人がいたそうです。まさか、再び2つの国になるなんて当時は想像だにしなかったことでしょう。ベッドで寝返りをしたらラトビア、元に戻ればエストニアということもできるわけです。

　うとうとしているうちに、終点ヴァルカのバス停留所に到着していました。

　国境を渡る前にやっておくべきこと。それは、ラトビアでハマった、電子レンジで作る練乳味のポップコーンを大人買いすることです。「甘過ぎない練乳の味の中に、ほんのり茶色いポップコーンを見つけたらそれは少しだけ味が濃いんだよ。食べてみて」ユールマラに暮らす中学生のアマンダさんにそうに教えてもらいながら、少し甘いポップコーンを探して食べた思い出の味です。

　エストニア人が国境を越え、ラトビアまで安いお酒を買いに来るという事前情報があったので、ラトビア側の国境近くには、スーパーがあるはずだと私は思い込んでいました。が、スーパーはおろか、小さな売店すら見つけられませんでした。「練乳味のポップコーンはもう買えないのか……」しょんぼりと肩を落とし、気のせいか、さっきよりもずしんと重くなったスーツケースをしぶしぶ引っぱりながら、エストニア方面に歩くことにしました。

　5分ほど行くとラトビア、エストニア国旗が仲良く並んでいる場所を発見しました。「国境はもうすぐだな！」と思ったものの、すぐ隣に3mあるかないかの道路が国境でした。本物の国境を前に私は1人興奮し、スーツケースを道路脇の芝生に放って、無意味に横断歩道を何往復もしていました。

　実は、エストニアには「横断歩道の前に人が立っている＝車は歩行者に道を譲る」と

いうことが罰則はないものの、日本以上にドライバーの常識になっています。歩行者に渡る意志があってもなくても、車は必ず止まって彼らが渡るかどうか確認しなければなりません。きっとドライバーは横断歩道ではしゃぐ人物を「変な人」と思ったはずです。ドライバーさん、ごめんなさい！

　国境から50mエストニア側に入ったところで営業しているスーパーマーケット、セルベル（SELVEL）に入ってみると、店のスタッフはエストニア語を話しています。念のため、練乳味のポップコーンを探してみるも、やはり売っていませんでした。がっかりしながらも、それとこれとは話は別で小腹は空きます。私がエストニアに来るとよく買うお気に入りのケフィアヨーグルトとチーズを手にしました。レジの支払いで、もたついていると「いいよいいよ、ゆっくりして。人いないし待ってるから」とスタッフのお兄さんに言われました。ちょっと無表情でコワモテなラトビアのスタッフとは違う接客態度に「ああとうとう、のんびり屋のエストニアに来たなぁ」と、エストニア流のホスピタリティに癒されました。

　店を出て「まだ国境越えの回数が足りないな」と、「越え」を味わいに3mの横断歩道を戻りました。国境警備の防犯カメラに怪しげな姿が撮られていないことを今でもこっそり祈っています。

リガのエヴィヤさんが教えてくれた

# ヴィーガンカンタレラソース
## ～ Vegāniskā gaiļeņu mērce ～

## 材料（3人分）

ソース

・ココナツミルク　200ml

・カンタレラ（杏茸）150g

・玉ねぎ（小サイズ）1/2 個

・ココナツオイル　10g

・塩　少々

一緒に食べるじゃがいも

・新じゃがいも　500g

・ディル　お好みの量

## 作り方

❶ 水を入れた鍋に、皮を剥いたじゃがいもを入れて茹でる（新じゃがいもの場合は包丁の背で薄皮を剥がす）

❷ ①のじゃがいもに楊枝を刺し、火が通ったことを確認したら、水を切り細かく切ったディルを鍋に入れ蓋をして鍋ごと上下に振る

❸ 玉ねぎをみじん切りにし、フライパンにココナツオイルを入れ、玉ねぎとカンタレラを入れて炒める

❹ カンタレラの水分が少なくなったらココナツミルクを入れ、味を見ながら塩を入れる

## ポイント

ヴィーガン対応で作らない場合は、ココナツオイルをバターに、ココナツミルクを生クリームにします。カンタレラは日本では少ないですので、風味は変わりますがエリンギやしめじなどのきのこを使っても良いです。新じゃがいもがなければ、普通のじゃがいもを使います。

ウーシィのジャネタさんに教えてもらった

# スクランドラウシ 〜 Sklandrauši 〜

## 材料（4〜5個分）

**生地**
- ライ麦粉 200g
- 約70度のお湯 150ml
- バター 25g
- 塩 少々
- ライ麦粉（打ち粉用）

**フィリング**
- にんじん 4〜5本
- 砂糖 50g
- サワークリーム 50g

- じゃがいも（中サイズ）3個
- バター 15g
- 塩 少々

**にんじんの上にのせるソース**
- サワークリーム 40g
- 砂糖 5g
- 卵（Mサイズ）1/2個

## 作り方

◆生地

❶ バター、塩、お湯をボウルに入れ、バターが溶けたらライ麦粉を入れてこねる

❷ ①のライ麦粉が手に付かなくなったら、ライ麦粉を振った板の上にめん棒で3mmほどの厚さに薄く伸ばす

❸ ②の生地の上に直径15cm前後の丸い皿を乗せ、丸くナイフで切り抜く

❹ ③の周りに高さ1.5cmの生地の縁を立てて壁を作る ⓐ

◆フィリング

❶ 茹でて皮を剥いたじゃがいもとにんじんがそれぞれ冷めたらブレンダーやマッシャーで潰す

❷ フライパンにバターを入れ、潰したじゃがいもと塩を加えてバターがじゃがいも全体に混ざったら火を止める⒝

❸ ボウルに潰したにんじんと砂糖とサワークリームを入れて混ぜる⒞

❹ ⒜の生地の中に⒝のじゃがいもを生地の高さの 1/3 に平たく入れる。残り 2/3 に⒞のにんじんを乗せ、少しだけ中心が凹むように緩やかなすり鉢状にする

◆焼き

❶ 200 度のオーブンで 15 分焼く

❷ 焼いている間にサワークリーム、砂糖、溶いた卵を泡立て器でよく混ぜておく

❸ 15 分経ったら、一度オーブンから出し、スプーンで②のサワークリーム、砂糖、卵を混ぜた液を上に丸く広がるようにかける

❹ 再び 200 度のオーブンに 15 分入れ、上のにんじんとクリームに少し焦げ目がついたらオーブンから出す。

ポイント

生地が粉っぽくなり、伸ばしにくい場合は水を少しずつ加えて調整します。ライ麦粉の打ち粉は多めにしくと良いです。冷めてから食べるとにんじんとじゃがいもの味がはっきりするので、おすすめです。

# 燻製豚の大麦粥 ～ Bukstiņbiezputra ～

## 材料（2～3人分）

- 大麦（なければもち麦など）200g
- 玉ねぎ 1/2 個
- じゃがいも 1 個
- ベーコン 100g
- バター 30g
- 水 600ml
- 塩 少々

## 作り方

❶ 玉ねぎを 1cm の厚さの半月切りにし、バターをしいたフライパンに入れる

❷ 玉ねぎが透明になったらさいの目に切ったベーコンを入れて炒める

❸ お湯の中に 1cm ほどの短冊切りにしたじゃがいもが火が通るまで茹でる

❹ 鍋に水を入れて大麦を中火で茹で、柔らかくなったのを確認する（柔らかくなる前に水がなくなる場合は水を足しながら茹でる）

❺ 大麦が柔らかくなったら②の玉ねぎ、ベーコン、③のじゃがいもを入れて混ぜる

### ポイント

イルゼさんが使っていたのは潰した大麦の粒でしたが、日本では手に入りにくいです。もち麦の粒などでも代用可能です。ベーコンに塩分がありますので、塩の入れ過ぎに注意してください。

ルーイエナのグナさんに教えてもらった

# ベーコン入りの灰色豆 ～ Pelēkie zirņi ar speķi ～

## 材料（3人分）

・赤えんどう豆（乾燥）200g
・ブロックベーコン
　（脂肪多めが良い）50g
・玉ねぎ 1/2個

・水（豆を茹でるための水）600ml
・塩 少々

## 作り方

❶ 豆を洗い、水と豆と塩を鍋に入れ沸騰して1分ほどしたら、蓋をして弱火で1時間煮て、豆が柔らかくなったのを確認してザルで水を切る

❷ ベーコンと玉ねぎを1cm角ほどのさいの目に切る

❸ フライパンでベーコンと玉ねぎを炒め、①の豆を入れ全体が混ざるようにする

❹ 味を見ながら塩を加えて調整する

## ポイント

ラトビアの伝統料理として人々に愛されています。この料理は整腸作用のあるケフィアヨーグルトを一緒に食べる必要があると聞いたことがありました。そのことをグナさんに聞くと、ケフィアヨーグルトを一緒に食べても食べなくても良いそうです。

# Eesti Vabariik

## エストニア

ナイッサール島

★
タリン

ラクヴェレ

エストニア

ヴァルガマエ

トゥリ

サーレマー島

ヴァンドラ

ペイプシ湖畔

リュマンダ

ヴィリヤンディ

タルトゥ

アーヴィックヌルガ

ヘッレヌルメ

★
リガ

ラトビア

リトアニア

ヴィリニュス ★

タリン（Tallinn）

# 治安の良さの理由は…

2019年秋、エストニア西部の街ハープサル（Haapsalu）の「ハープサル・職業訓練学校（Haapsalu Kutsehari duskeskus）」でエストニア料理実習の見学後、学生に日本料理を教えるという経験をしました。エストニア人はほぼ無料で職業訓練学校の講義を受けることができ、仕事をしながら技術を学べます。私は特別に数日だけ参加させてもらいました。

講義が終わりハープサルを離れ、エストニア各地を周遊していた私に1通のメッセージが届きました。ハープサルの学校の先生から「タリン・サービス専門学校（Tallinna Teeninduskool）で日本料理の授業があるから、興味あったら行ってみて」とのこと。これはおもしろい経験ができそうです。すぐに「行きます！」と見学の意思を伝えました。

タリン・サービス専門学校を訪れると職員室に案内され、「迎えに来るまで、ここで待機していてください」と言われて待っていると、ドアをノックする音が聞こえました。ドアを開けると若い学生たち5〜6人が私を取り囲みました。私より背の高いエストニア人に近くに迫られ、おどおどしてしまいました。

そして「あのー。日本人ですよね？　私はあなたの親戚です」と1人の男子学生が私に話すではありませんか！　彼は「あなたのパートナーのお父さんの兄妹の孫ですよ」と説明するのです！

「近い……意外と近い親戚だ！」一気に興奮状態となり、「今日はね、これからラーメン作る授業だよ！」と教室まで連れて行ってくれました。

そういえば、なぜ彼は私のことを知っていたのか……気になっていると、義母が教えてくれました。「あー、あの子のおばあちゃんがあなたのことを話したんじゃない？　日本人でエストニア料理のこと調べているって言ったら、あなたしかいないでしょう！」

「確かに……」と私も妙に納得しました。

　ここまで近い親戚に偶然出会うことはエストニアでも少ないと思いますが、友達の友達にはすぐに出会います。日本と比べると高い確率で発生します。

　友人に会ったときに「こないだ私の親戚という人がタリンの学校にいたんだよね。びっくりしちゃった！」と話したら、友人は「ほんとに嫌なのは会いたくない元カレに鉢合わせすることよ」とホラー映画を語るかのように話します。「変な別れ方をした元カレが偶然スーパーのアルコール売り場にいて、私は今カレと買い物をしていたの。元カレに発見されたら困るじゃない？　だから今カレに急に具合悪くなったって言って逃げたのよね！　ワハハ！」

　そして、彼女はエストニア人の人物調査方法を教えてくれました。「例えば新しい人に会うとする。その場合はまず、その人が誰と繋がりがあるか必ずFacebookで調べるのよ！」
「エストニアでは悪いことできないなぁ」と私がしみじみ話すと、「ほんっと、怖いわよぉー」実感のこもった返事でした。

　これまで、エストニアでひとり旅をしていて危険な目に遭ったことは一度もありませんでした。ラッキーだっただけかもしれませんが、この治安の良さは「悪いことをするとすぐに見つかってしまう」という心理的な抑制が功を奏しているのかもしれません。

　また別の日、別の友人の車に乗りながら私はエストニアの世間が小さすぎて悪いことができないと話していました。「エストニア人は怖くて不倫なんてできないね！」と冗談を交えて話すと、彼女は真面目な顔をして「結構多いわよ。周りでやってる人知ってるし！」と。更に「えーと、ちなみに私の両親もすごいことになったわよ。父が不倫して、不倫相手は友達のお母さんだったの。私の両親は離婚して、父はその不倫相手と結婚したの。実母は父親の不倫相手の元夫と結婚したんだから〜〜！　どうして、わざわざその人を選ぶ？」我々は車の中で大盛りあがり。「その後、元両親はそれぞれの新しい相手との間に子供ができたんだけど、これって全員兄妹なの??　しかも、私は彼らと仲良いんだけどね！」もはや、秘密でもなんでもなくなっていました！

　とにかく、私は「エストニアで悪いことはしない」と心に刻んだのです。

## 古本屋でご馳走になった<br>ボルシチ

　タルトゥ（Tartu）はエストニアの首都タリン（Tallinn）の次に大きな都市で、名門タルトゥ大学があります。5年に一度開かれるエストニアの国民的な祭りである「歌の祭典（Laulupidu）」は、1869年最初にタルトゥで開催されました。エストニアの人々はタルトゥのことを「文化発祥の地」と呼びます。

　エストニアの人口は約131万人（2022年現在）、さいたま市と同じ位の人口です。エストニア語の本は3,000部売れたらベストセラーと言われます。欲しい本は本屋にある時に買わないと、次に探す時には手に入らない可能性があります。Amazonのないエストニアでは、本が完売したら古本屋に行きます。

　ある時、ショーウインドウに珍しい料理本が並んでいる店を見かけ、重厚感のある二重のドアを引き古本屋に入りました。古本屋にしては珍しく分野別に分けられ、整然と本が並んでいます。「料理の本はどこですか？」と尋ねるとすぐに棚を教えてくれ、1冊1冊の内容を端的に説明してくれます。彼女は、この古本屋のご主人のヤナさんです。ヤナさんがお店を始める前は、1947年から古本屋があり1993年に閉店してしまいました。本好きの彼女は、待てども待てども次の店ができなかったので、とうとう自分で2000年に古本屋を同じ場所で開いたのです。

　ヤナさんと私は、料理本の話でひとしきり盛りあがりました。店の後ろから、ランチに食べるスープを持ってきて見せてくれました。「飲んでみます？」と出してくれたのは彼女がお弁当で持って来たボルシチ。スプーンを出しながら「まずかったらまずいっ

て言ってね」と、味見をさせてくれました。エストニア人には珍しい人懐っこさと、謙虚さが相まってどことなく彼女にアジアの雰囲気を感じました。コクのある優しい味のボルシチは、冷めていてもおいしかったのです。

　彼女は「娘がオランダから夏休みで戻っているから、うちに来て！」と誘ってくれました。

約束した日にヤナさんの自宅を訪問しました。1910年に建てられ、丁寧にリノベーションされた2階建ての建物です。キッチンの壁には色鮮やかなタイルがはめ込まれ、まるで太陽の国スペインのようです。ヤナさんが料理を始めると夫のトイヴォさんが調理道具をすぐに洗い始めるので、シンクはいつも綺麗な状態に保たれています。夏は庭がダイニングとなり、晴れの日は必ず外でごはんを食べるそうです。キッチンで準備ができた料理は庭に運びました。

「今からスイバ（Hapuoblikas）を取りに行くよ！」とヤナさんは裸足のまま、庭に向かいました。スイバは酸っぱく春先最も早くに生える強い草で、スープにさっと入れると爽やかな味になります。ビタミン豊富なので、エストニア人はこのスープを春から夏にかけて積極的に食べます。

スープが完成し食事の準備を進めていると、ヤナさんの娘たち2人が仲良く帰宅しました。

「実は彼女たち2人は、お父さんが違うのよ。長女が3歳の時に前の夫が亡くなったの」とヤナさんは話してくれました。その後出会ったトイヴォさんと26年前に結婚したそう。トイヴォさんには前妻との間に自立した2人の子供たちがおり、40歳になる長男にヤナさんにとっての孫が2人います。ヤナさんとトイヴォさんとの間の子供たちは2人います。

「私たちはね、いろいろな縁で別々の家族が一緒にいることになった『蜂の家族（Kärgpere）※』なの」そう語るヤナさんの優しい眼差しは家族に向けられました。

※過去に築いた家庭と再婚後に繋がった家族が増える様子は、蜂の巣の形のようになるというたとえ。

スイバのスープのレシピ　P112

# はちみつ製造メーカー
# 「ノルドメル（Nordmel）」社見学

「エストニアのはちみつ生産場所を案内します
よ」と誘ってくれた余田さんはエス
トニアに15年ほど住み、ヴィリヤンディ
（Viljandi）に居を構え、妻と一緒に3人の
子どもたちを育てる子煩悩パパです。地元
にあるはちみつ製造メーカーのノルドメル
（Nordmel）社の養蜂家兼日本市場担当と
して働いています。

　余田さんの運転で街の中心から5分ほど車を走らせると、建物が並ぶ景色から畑へと
変わり、エストニア特有の真っ平らな土地が広がります。エストニアは平坦な地形なの
で、滑らかに景色が変化していきます。畑を挟んでその奥には木々が生い茂り、濃い緑
や黒い色に見えるボーダーのような森となるのです。どこで曲がるか予想ができないほ
ど、交差点もないのどかな道が続きます。

　余田さんがなんの迷いもなく運転する車は、
すーっと吸い込まれるように左折して、しばら
く森に向かう細い道を進むと、この日の曇り空
とグラデーションのようなグレーの建物が目に
入ってきました。車を降りると、建物の対面に
は太陽光パネルが整然とたくさん並んでいまし
た。この太陽光パネルが作る電力で会社や工場
の電源を賄えているそうです。特にここ最近は、

電気代が高騰しているため、太陽光パネルを設置
して電力を自給自足している企業や個人はそう珍
しくはありません。太陽光パネルを設置できる土
地があり、設置費用の投資ができれば、使用電力
に余剰が出ると電力会社へ売電できます。

　近隣の土地を持っている人に蜂の巣箱設置のた
めに会社が土地の一部を借りてはちみつを集めま
す。蜂の巣の土台となる板は蜂の巣が作りやすい

ように蜂の巣の形に少しだけ型が付けられています。そうすると早く巣が作れるそうです。たくさんの蜂が板の中の巣にぎっしり集めたはちみつは、工場に運ばれて圧搾され、タンクで攪拌してから瓶やパックに詰めていきます。ノルドメル社で生産されているはちみつは、瓶詰めの他に8gの小分けになったパッケージで梱包されている商品があります。小分けにしたはちみつを、オフィスや家でに手を汚さずにおやつ代わりに口に含んだり、扱いやすく料理に使うことができるとして商品開発されました。

エストニアのはちみつはたいてい百花蜜で、蜂が咲いた野花から自由に集めた蜜です。咲く花の種類や地域や季節によって風味や香りが変わるので、その土地と時期でしか味わえない一期一会の味に出会えます。

パッケージに pehme（ペフメ）とプリントされているのは「柔らかい」という意味です。はちみつは温度が低くなると硬くなりやすいですが、どんな温度でも柔らかいまま保つことができる技術によって、口当たりよくなめらかなはちみつをいつでも使うことができます。自然に作られた濃厚な甘さが詰まったエストニアのはちみつを一度味わうとやめられないほどです。

余田さんは、まだ木の匂いがする真新しい事務所の2階を案内してくれました。「見てくださいよ！」と階段の途中にあったドアを開けると、そこにはウォシュレット機能が付いたトイレがありました。過去にエストニアのセレブの家で見たことがあるだけでした。エストニアで非常に珍しいウォシュレット付トイレを見て、私も思わずのけぞりました。
「使ってもいいですよ！」茶目っ気たっぷりにトイレの使用許可を出してくれた余田さんの笑顔に、はちみつと同じ甘さを優しさをじました。

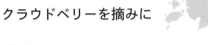
タルトゥの森 (Tartu mets)

# クラウドベリーを摘みに

エストニアを訪れると必ず会う友人がいます。子供が4人いるシングルマザーのマーリヤさんです。彼女の子供たち全員が成長し学校に行く年齢となり、マーリヤさんの手を離れる時間も多くなりました。今回は大人同士、私と2人で一緒に森に行くことになりました。森に行く目的は「なんとしてでも、クラウドベリーを摘む」です。クラウドベリーは、エストニアではムラッカス（Murakas）と呼ばれているベリーです。3年前、私のパートナーがエストニアから日本に持って帰ってきたクラウドベリージャムが2瓶ありました。「そういえばあのジャムどこに行った？」と気付いた時には、すでに彼が完食していました。他のジャムに比べて、びっくりするほど消費スピードが速かったので、その理由を問い詰めてみました。渋々自供したところによると「他のベリーに比べて値段が高いこと」「クラウドベリーは森で相当希少であること」「酸味と甘味のバランスが良く、種のつぶつぶがおいしいこと」などなど。私はそれを聞き、食べられなかった悔しさが増しました。「次にエストニアに行ったら、あのクラウドベリーを森で摘んでくる‼」そう心に決めたのでした。そうして私はマーリヤさんに「森へクラウドベリーを摘みに行きたい」とリクエストしたのです。

マーリヤさんは私の滞在先に愛犬2匹と共に車で迎えに来てくれました。犬が同乗している理由を聞くと「熊を寄せ付けないために連れて行くのよ」と教えてくれました。エストニアにはヒグマがいます。何かの「気配」を怖がるそうで、好奇心旺盛な犬が熊の匂いに反応して行くと熊が犬の気配を感じて逃げます。犬がいることで熊と我々人間が鉢合わせにならないように対策できるそうです。

森に入る途中で車を停め長靴を何足か出してくれ、私の足のサイズのものを貸してくれました。森へ行くのに長靴が必要ということを最初に知った時は不思議に思いました。日本の森とは違い、地面が水苔であることが多く、足元はすぐにベチャベチャになります。家には森に行くための長靴が家族全員分あります。そしてベリー摘みにはもう1つ必要なものがあります。それはバケツ。バケツに摘み取ったベリーを入れます。ビニール袋だとベリーが柔らかすぎて潰れてしまうからです。

轍のある小径から外れて森の中に入ると、地面はふかふかなじゅうたんのようです。しばらくすると紫色のかわいいムスティッカス（Mustikas）を見付けました。ムスティッカスとは、ビルベリーのエストニア語で、日本でもよく食べられるブルーベリーの1種です。ブルーベリーと比較するとビルベリーは実が直径約1cmと小粒です。ブル

ーベリーの果肉は白く、ビルベリーは紫色。ビルベリーのアントシアニンの含有量はブルーベリーの2倍から3倍と言われています。北欧の森は夏になると日照時間がおよそ19時間と長時間です。長い日照時間が、森で育つビルベリーのアントシアニン含有量の多さの理由です。たくさんのビルベリーを摘みながら、更に森の奥にずんずん進んで行きました。

　右足を一歩前に出し、地面に着けたその瞬間……水苔と思った地面は見せかけで、深い池に腰まで一気に沈んでいきました。叫ぶ間もなく「やってしまった！　パンツ濡れてきたー」と思いながらスローモーションで沈んでいく自分の身体をただそのままにしていました。心配して駆け寄ってきてくれた犬たちですが、何もできません。

　池の底がいったいどれくらいの深さなのか知れず、「うわー怖いっ!!　どうしよう!!」と思っていると「カメラ!!」とマーリヤさんが叫びました。「そうだ！」私は自分の首にかかっている一眼レフのことを忘れていたのです。「このカメラは私の命より大事なものなのだ」と取り扱いには注意を払ってきたはずなのに……。

　マーリヤさんに急いでカメラを渡すと、彼女は自分の脱いだそのシャツで、カメラを乾かしてくれていました。

　私はまだ池の中で、どうやっても自力では這い上がれないのです。マーリヤさんが私の両手を強く引っ張ってくれました。彼女がいなかったら、きっといまだにエストニアの森の池に……。借りた長靴だけはなんとしても持ち帰らねばらないと思い、足のつま先に力を入れて、長靴と共に這い上がりました。「ショック？　カメラも水が入ってる

しさ、もう帰ろうか？」と気遣ってくれるマーリヤさんに「こうなったら結果は同じなんだから、私はクラウドベリーを見付けるまで帰らないよ！」と変な意地を出し、森の中で叫んでいました。「ごめんね！　私に着いて来なよと言うのをうっかり忘れてしまったから……」と優しいマーリヤさん。小さな頃から森を歩いている現地の人は、水苔の下のどこに池や小川が流れているかわかるのだそうです。よくよく見れば、池や小川の上の水苔は他の場所と色が違い、少しだけ薄い緑色です。

　落ちた池の奥に入って間もなく、クラウドベリーを発見しました！　オレンジ色に熟した小さなベリーはまるで「森の金」です。さっきのビルベリーは無視して、クラウドベリーだけを摘みます。もはや、ビルベリーが「雑魚キャラ」に見えてしまう自分の罪深さよ！

　ほんの少しのクラウドベリーでしたが、ジャムにして日本に持ち帰りました。忘れられないカメラの水没……私にとって甘酸っぱい忘れられない味になりました。

　森に入る時に必ず守ることが2つあります。
「1人で行くな」
「高価なカメラは持って行くな」

## ビルベリーと鹿肉と
## 蕎麦の実のお粥

ナイッサール島（Naissaar）

━━●━●●━━

「エストニアのナイッサール島（Naissaar）に8月に行く
んだけど、行く？」とラトビア人のアウトドアツアーガイド
のマーティンスさんが誘ってくれました。マーティンスさん
はヨーロッパを中心にアウトドアツアーのガイドをしている
プロです。エストニアでは、サーレマー島（Saaremaa）の
沿岸を2週に一度歩き続け、長期間で島を1周するというよ
うな企画もしています。そんなマーティンスさんが誘ってくれたハイキングツアーなら
同行してみたいと思い、「ナイッサール島」がエストニアのどこにあるかも知らないの
に「行きます！」と返事をしたのです。

「女島」という意味のナイッサール島はエストニアの首都タリン（Tallinn）にある港
から船で1時間、バルト海の北にある、縦8.5km横3.5kmの小さな島です。

ラトビアの首都、リガ（Rīga）からマーティ
ンスさんが運転するワゴン車でツアーの参加者
たちがタリンの港に到着しました。私はエスト
ニア国内から出発し、港でマーティンスさんツ
アー一行と合流しました。ツアー参加者の中で
は、私だけがエストニア国内から参加した唯一
のラトビア人以外の外国人でした。事前にチケ
ットを手配してくれていたヴィーナス（Venus）
号に乗り込みます。ツアーでは島に1泊し、キ
ャンプとハイキングをします。

島に着くと港近くに宿営地を決めて各々テントを張ったら、重い荷物はテントの中に
置き最小限の荷物をバックパックに詰めました。マーティンスさんと相棒のアンリース
さんの2人がチームを組んでガイドをしていきます。マーティンスさんを先頭に、間に
ツアー参加者が並び、最後はアンリースさんが歩きます。島には道もありますが、マー
ティンスさんは先頭を切って道なき道を草をかき分け進みます。まさに「探検隊」の気
分になりました。アンリースさんは衛星電波を受信できる携帯端末を持ち、現在地を補
足しながら島の中でメンバーに危険が及ばないように安全を確保していました。

島の東側には港があり、東の海岸に沿って北上して海辺から北の突端まで到着します。

それまで穏やかだった波はたちまち激しくなり、島は東側とは打って変わって西側は風も強くなります。そんな強風を避けるかのように、ナイッサール灯台が島の内陸に建っています。白と赤のツートーンの灯台は美しいコントラストをしています。青い夏の空を眺めながら、灯台隣の青い小さな売店のアイスを頬張りま

した。ひと休みした後は、海辺から離れて島内の散策を続行しました。森の中には、ビルベリーが群生している場所がたくさんありました。膝丈の高さのビルベリーは、辺り一面がうっすら濃い紫色に見えるほどでした。日本で食すチャンスはほとんどない貴重なベリーです。ブルーベリーと似た味で、穏やかな酸味と甘さなの人気のあるベリーで

す。ただし、ビルベリーは人の手が加わった「畑」では育たず「森」でしか育たないので、完全な「オーガニック」なのです。視力がとても悪い私は、できるだけ目に良いビルベリーを食べようと足を止めては食べていました。私が欲張っている間に、前を行くツアーの参加者にどんどん先を行かれて、道を見失いそうになることが幾度かありました。森で道に迷うことは命取りです。初日に17kmの道のりを歩き、運動不足の私は疲れて、自分のテントで寝ていました。

「おーい」と呼ぶマーティンスさんの声で目が覚め、テントから顔を出すと「お皿ある？」と聞かれました。「ないんですよねぇ」と返すと「じゃ、缶詰の空き缶を使おう」とマーティンスさんがつぶやきました。ラトビア人のキャンプ飯の作り方を見てみようと、私はテントから急いで出て炊事場に向かいました。

　鹿肉の缶詰と蕎麦のお粥を作っていました。沸いたお湯の中に鹿肉の缶詰をドバドバ入れて、蕎麦の実をザザっと入れたら、塩とこしょうで味を整えました。おいしそうなお粥がいとも簡単に出来あがりました。鹿肉やヘラジカの肉の缶詰はこちらではスーパーで簡単に見付けられるのですが、日本ではあまり見ないので私にとっては珍しい食材です。

　器に盛られたお粥を皆で一気にかき込みました。「これはおいしい！」と私は思わず叫ぶと「おいしいと思うよなぁ！　でも帰ってから家で作るなよ！　普段はそれほどの味でもないぞー」とマーティンスさんと参加者は笑いました。確かに、外で疲れた後に食べる料理は確実においしさが上乗せされるのは理解できます。が、私にはそれ以上のおいしさに感じられたのです。

　鍋や食器を洗うのは海の水。バルト海は塩分濃度がおよそ0.7%。日本周辺の海は3.5%前後の濃度と考えると1/5です。洗っても塩のベタつきがなく、乾いた後も不快にならないのがバルト海の良いところです。

　ナイッサール島で出会った、ビルベリーと鹿肉と蕎麦の実のお粥が私に「足るを知る」ということを教えてくれました。

ヘッレヌルメ（Hellenurme）

## オリジナルのパン
## 「チェピック」

　およそ140年前に造られた水車で製粉する建物が、ヘッレヌルメ（Hellenurme）に
あります。この建物はエストニアに現存する唯一の水車ミルとして知られています。

　タルトゥ（Tartu）から1時間ほどバスに乗り、エルヴァ（Elva）という小さな街に
向かいます。エルヴァ駅前でバスを降り、マエさんを待ちます。彼女が運転する車はエ
ストニアでは珍しく三菱のアイミーブでした。マエさんの夫が購入したそうで、持って
いる2台ともがアイミーブでした。「1台を使っている間は別の1台を充電させて、車の
それぞれの鍵には1、2と番号を付けているのよ。とても気に入ってるわ」と、嬉しそ
うに語ります。電気会社と固定料金で契約している場合は、どれだけ使っても料金は変
わらないので、電気自動車を使う場合はかなり経済的です。

　エルヴァ駅からマエさんのいるヘッレヌルメ水車ミル（Hellenurme vesiveski）まで、
車で10分の道のりです。

　水車小屋は、長く使われずに荒れ放題になっていました。小屋というと小さいものを
想像すると思いますが、建物全体が水車として機能し、脱穀をしているので相当大きい
です。

　1922年この土地に来たマエさんの曽祖
父が住み、ソビエト連邦構成国時代は国
の土地となり1991年エストニアが独立回
復を遂げた時にマエさんの父親の手に戻
りました。そして、20年ほど前にマエさ
んが引き継ぎました。

　建物の修復を終えると、観光客がこの
珍しい施設を訪問するようになりました。そして今や、マエさんが主催する水車ミルの

見学、料理のワークショップや各種パーティ
ーなどのイベントを開催するようになりま
した。

　特に人気なのは伝統的なライ麦パンの作
り方を教えるワークショップです。エストニ
アでは家でライ麦パンを作る人は少なく、店
で買っている人がほとんどです。しかし、店
には伝統的な製法で作られているパンが少

ないことから、ワークショップに参加して作り方を学んだり、マエさんのライ麦パンを
買って帰ります。

　伝統的な作り方は、長年使い続けられた木の桶で温められた酵母に水車ミルで粉にし
たライ麦粉を加えます。そして、生地をこねて成形した後、暖炉の中に入れて焼きます。
ライ麦パンは小麦粉のパンとは違って、それほど膨らまず表面は黒焦げになるのですが、
ライ麦の味がストレートに感じられるどっしりと酸味のあるパンを味わえます。

　酸味のあるパンはエストニアによくある乳製品を使ったまろやかな味の料理ととても
合います。

　この日はチェピック（Tšepik）の作り方を詳しく教
えてもらうことになりました。エストニアではセピッ
ク（Sepik）という小麦、大麦粉などの全粒粉を使っ
たパンがあります。そのパンとイタリアで作られてい
るこねないパンのチャバッタ（Ciabatta）をミックス
したマエさんオリジナルのパンです。

「そろそろ名前を商標登録しないと！」と、マエさんが冗談を
言いながら作り始めました。チェピックはライ麦粉の強めの香
りと小麦がほどよく混ざった、ライ麦初心者の人にも食べやす
い味のパンです。

「このパンに欠かせないのはバターなのよ！」と言いながら、
マエさんはキッチンから外に向かいました。「バターなのに外
ですか？」と訝りながら後に付いて行くと、建物のに近くにあ
る花壇から花やハーブを摘み始めました。庭に出ると新鮮なハ
ーブや花はいつでも摘み放題なのです。必要なだけ摘んでから
刻むと「ふわっ」と優しいハーブの香りが漂いました。

　摘みたての花びら、ハーブをバターに混ぜたら焼きたてのチ
ェピックにのせてパクリと2人で食べると、瞬く間にチェピッ
クがなくなってしまいました。

チェピックのレシピ　P114　　　花とハーブのバターのレシピ　P115　91

## 必要な食材は
## 「裏庭から」

ラクヴェレ（Rakvere）

　コロナ禍によるエストニアのロックダウン前日に、エストニアに帰国して新しい生活を始めたエヴァさん（エストニア人）とジェロームさん（フランス人）の家は、ラクヴェレ（Rakvere）の中心から車で10分ほどの郊外の住宅街にありました。

　平屋のスモーキーなピンク色をした家はエヴァさんの祖父から受け継いだものです。丁寧にリノベーションされ、木目の壁が温かく包み込む心地よい空間になっています。リビングの窓の外を眺めるとエヴァさんのおじいさんが植えたと思われる白いアジサイが、降る雨に打たれて美しく咲いていました。玄関を入ると、出迎えてくれたのはかわいいウサギのミソ（Miso）くんです。日本文化が好きな2人は日本の柴犬の色にミソくんの色が似ていることから、日本を連想する名前として「ミソ」と名付けたそうです。この

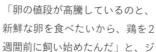

日の午後はミソくんを動物病院に連れて行くので「あとで捕まえてカゴに入れないといけないんだよね」とジェロームさんはミソくんに聞こえないように教えてくれました。

　私に教える料理の食材を用意するため、2人が裏庭を案内してくれました。そこにはさまざまな種類の野菜を育てている畑が広がっていました。

「卵の値段が高騰しているのと、新鮮な卵を食べたいから、鶏を2週間前に飼い始めたんだ」と、ジェロームさんはまだ母鶏のぬくもりが残る卵を大切そうに持って来てくれました。ガラス張りの温室にはトマトが植えられていました。緑や黒っぽい色のさまざまな品種が育てられています。自分たちの手で育ているので、安心な野菜が手に入ります。

　ダイニングの隣はキッチンです。コンパクトな空間に
収納棚があり、必要にして十分な設備が備わっています。
壁にかけられたカゴの中に卵の殻、ニンニク、そして唐
辛子がオブジェのように掛かっていました。鶏にカルシ
ウムを与えるための卵の殻、畑で育ったニンニクや唐辛子は長期保存のために乾燥させ
ています。夏はIHとオーブンが一緒になった機器で調理します。冬は薪でリビングを
暖める暖炉兼オーブンを使います。料理を作ると同時に家全体が効率良く暖められるよ

うに家の中央に暖炉が配置されていることに感心し
ます。
　キッチンの床下には、大人1人が入れるほどの大
きさのスペースがありました。ひんやりと涼しい空
気が感じられる天然の冷蔵庫です。夏に畑や庭で育
てたベリーや野菜の保存食品がたくさん詰まってい
ます。まるで宝が入った秘密基地が床に隠れている
かのようです。
　ジェロームさんはジャム作りが得意なので専ら彼
が作るそうです。ジャムにはなんとスパイスが入っています。フランス出身ならではの
センスで、エストニア人と同じ食材を使っても味付けが違うのです。
「ジャム持っていく？」とエヴァさんが私にくれた2つのジャムは「いちごとハラペー
ニョ」と「香辛料入りのチェリー」という斬新な味でした。これはジャム好きな人々の
集まるエストニアでも出会えない貴重な味です。
「どんな感じで食べたらいいかな？」と聞くと「肉料理やパンなんでもだよ！」と教え
てくれました。なるほど、万能調味料として考えることにしました。

　気付けばミソくんを病院に連れて行く時間が近づいていました。ジェロームさんはミ
ソくんのご機嫌をとりながらようやく捕まえ、カゴの中に入れることができました。
　駅近くの2人がお気に入りだというカフェの前に降ろしてくれ、ミソくんを乗せた2
人の車を最後まで見送りました。
　まだ、始まったばかりの2人のエストニア生活がどう展開していくのか「いちごとハ
ラペーニョジャム」のような素敵な化学反応が発生するのではないかと、期待せずには
いられません。

ヴァルガマエ（Vargamäe）

# エストニアの著名作家タムサーレ

　ある日、エストニアのトュリ（Türi）に暮らすティーナさんから「タムサーレ博物館（Tammsaare Muuseum）に行かない？」と誘われました。エストニアでは有名な作家の故郷だということ以外は、よく知らない博物館でしたが、きっと何か意味がある場所だろうと思ったので行ってみることにしました。

　彼女と会う約束をした場所はマエキュラ（Mäeküla）というバス停です。バスの中からティーナさんが見えました。彼女と3年ぶりの挨拶を済ませると、彼女は私と一緒にバスを降りた男性に急に話しかけました。「ねえ、あなた迎えに来る車はあるの？」男性は「ないんですよね」と返しました。彼は近くの街のパイデ（Paide）のライブに出演する人でした。ティーナさんは「乗っていく？」と彼を車に乗せると目的地まで送りました。

「優しいのねぇ」と私が思わずつぶやくと「マエキュラのバス停で降りる人は知り合いしかいないのよ。知らない顔だから送ってあげないとね」ティーナさんにとって、それは普段からやっていることでした。

　ティーナさんが車を停めたのは、平原の中にポツンとある14世紀に建てられたヤルヴァ・マディセ教会（Järva-Madise kirik）でした。「教会を見学してから、博物館に行きましょう」と言うティーナさんの後に続いて教会に入りました。中は赤いじゅうたんが敷かれていたのが印象的でした。ここに住みついているような、人懐こいサビ柄の猫が、じゅうたんの上を堂々と祭壇へと歩いて行きます。教会の外は古くからのお墓が並んでいました。散策をしていると先ほどの猫がさりげなくそばにきました。あまりにもかわいらしいので「もしも、エストニアで暮らしていたら連れて帰るところだったなぁ」と話しながら教会と猫に別れを告げました。

　教会に車を停めたまま、タムサーレ博物館へ繋が

る5.3kmのハイキングコースを歩いて行きました。エストニアのほとんどの森が湿地帯で、湿地の上には木道が敷かれています。木が茂る場所に自生しているきのこを、時々足を止めて観察します。ここを通り過ぎると景色は一転し、視界が広がる場所に出ました。足元には池と湿地がまだらにあり、池には青空に浮かぶ雲が鏡のように映ります。じっと立っていると「この世にいるのだろうか」と疑いたくなるほどに美しいエストニアの湿地でした。

　湿地を横切っている木道のはるか先には、再び森が見えます。緑の森に入ってはまた、視界の開け

た湿地の上を歩きます。それを何度か繰り返した頃、小高い丘が見えました。

　ティーナさんは「映画のサウンドオブミュージックみたいでしょ？」とスキップしていました。確かに緩やかなカーブを描く丘に青空に緑の芝生が綺麗に生え、夏の暑い時期なのに湿気が少ないここでは清らかな空気しか存在しないような気がしました。その丘を登る途中で、木造の建物がいくつか見えてきました。目的地であるタムサーレ博物館です。

　この博物館の主役はアントン・ハンセン・タムサーレ（Anton Hansen Tammsaare）という、エストニアで知らない人はいないほど有名な作家です。彼は湿地と森の真ん中にある何もない土地を開拓した貧しい農家に1878年に生まれました。1800年代後半から1920年代までのエストニアの生活と社会の変化について描いた5部構成の長編小説『真実と正義（Tõde ja õigus）』を執筆し、1926〜1933年に第1部から第5部までを出版しました。彼の両親の実生活が多分に含まれた手付かずの自然、過酷な生活、そして隣人関係など人々の意志と強さを試すようなことが続きます。これらを通じて人間の根本的な問題について考えさせられる内容で、エストニア人の多くが学校で教材として読む本だそうです。2019年にエストニアで映画化され、2020年のアカデミー賞最優秀国際映画部門にノミネートされエストニアでは大変な話題になりました。ティーナさんはエストニアの代表的な文学作品が生まれたこの場所を私に紹介したかったのでしょう。

　博物館のガイドさんが案内してくれた緑色の母家はとても大きく立派でした。壁紙などの内装も美しく、素晴らしい家具が据え付けられていたので、ガイドさんに「説明には貧しい家だとありますが、かなり豪華な家に思えます」と、つい言ってしまいました。実はこの母家は1958年に造られた建物で、1940年に亡くなったタムサーレ自身が生きていた頃にはまだ建っていなかったのだそうです。

外の庭には竹馬がありました。乗ろうとして
みたところ、日本の竹馬とは違いました。実は
「竹」ではなく「木」でできていました。重く
て竹馬のように手で持ち上げることができない
ので、木を脇に挟み逆手で下から木を持ち上げ
ながら進みます。私が要領を得ず、格闘中に1
人の女性が来たので竹馬を渡すと彼女は軽々と
竹馬に乗りました。話をしてみるとイタリアか
ら観光で来た女性でした。ティーナさんが「ど
うしてここに来たんですか？」と聞くと彼女は

「イタリア語で全部読んで、それでここに来たんです」と答えるのです。ティーナさん
とガイドさんは目を丸くしていました。5部すべてはトルストイの『戦争と平和』と同
じくらいの長さがあり、ほとんどのエストニア人が読むのは第1部だけだからです。残
念ながら日本語には訳されていませんが、仮に訳されていたとしても5部すべてを読む
自信は私には皆無です。

　イタリア人女性が去った後、　ガイドさんは私に「恥ずかしながら、ガイドなのに全
部読んだことないわ！」と打ち明けました。私はこんなエストニア人の正直なところが
大好きです。

トュリ（Türi）

# 懐かしくておいしい
# エストニアのへそ

ティーナさんは3年前にエストニア牛乳博物館（Eesti Piimandusmuuseum）で私に乳製品を使った食べ物を教えてくれた人です。私はエストニアのタリン（Tallinn）とタルトゥ（Tartu）の中間のエリアに行く機会が少なかったので、行ってみたいと考えていました。トュリ（Türi）に住むティーナさんに相談してみることに。エストニア中部に詳しい彼女に聞くのは私のお決まりの方法です。「良いところを知ってるから、一緒に行こう」と期待通りの連絡がありました。

トュリは「エストニアのへそ（中心）」と呼ばれています。「へそ」であるにも関わらず、バスや鉄道で行くには不便な場所です。そのため、ティーナさんは私を路線バスの停留所に車で迎えに来てくれ、彼女とトュリに向かいました。

毎年エストニア国内で「食の地域（Toidupiirkond）」が選ばれています。2022年はヤルヴァ郡（Järvamaa）に決まりました。ヤルヴァ郡自治体連合が、地元の食べ物や特産品について年間を通して紹介する活動をしています。トュリはヤルヴァ郡に属した街の1つです。ティーナさんはヤルヴァ郡自治体連合にいる知り合いに、食に興味がある日本人に何を紹介したら良いか相談すると、トュリにある「KONN」という建物に連れて行くことを勧められたそうです。

この建物は、1866年に建てられた木造の建物です。トュリの生活支援者の一時的な住居として使われていました。しかし、施設が古く上下水道がないことから、解体する計画が勃発したそう。そこで、トュリのコミュニティ団体が、この物件を町から借りることにしました。彼らは古いものを使えるようにする再生活動や、人々の交流場である「KONN」で活動をしています。「KONN」に到着すると、私はなぜか大歓迎を受けました。ロゴ入りのエプロンや地元で作られたチョコレートをプレゼント

され、予想外のことに目を丸くしていると、
ヤルヴァ郡自治体連合の職員の方が、「あな
たが料理を習うところをビデオで撮って『食
の地域』のホームページで紹介します」と言
うではないですか。私はプロのカメラマンが
いることに気付き、急に緊張してしまいまし
た。そんな私を尻目に、建物の中にある「カ
フェレストラン・アヤトゥ（Kohvik-Resto
Ajatu）」に案内されました。エストニア語
で「アヤトゥ」とは、「永遠に変わらずに愛

される」という意味が含まれているそうです。

　店は古い建物の雰囲気を活かしたヴィンテージな空間で
す。食器はソビエト時代に製造されたレトロな花柄や幾何
学模様のデザインが使われ、そこにいるだけで懐かしい時
代にタイムスリップしたような感じがしました。

　この店のシェフである夫
婦、妻カイヤさんと夫タル
モさんにデザート作りを教えてもらえることになりまし
た。エストニアでは定番のスノーボールスープです。ア
ヤトゥのレシピはオリジナルとは違って焦げ目のついた
メレンゲに、ライムの皮を削ってアレンジされています。
カイヤさんが最後に飾るお花に心がときめきます。

　レストランを離れる準備をしていると、ささっとおい
しいランチを作ってくれました。デザートとご飯が逆で
すが、そんなことも気にならないほどおいしかったです。

サーレマー島（Saaremaa）

# エストニア最大の島

　エストニアは、大小合わせて2,222個の島があります。エストニアにたくさんの島があるのに、意外にもラトビアやリトアニアには、1つも島がありません。

　サーレマー島（Saaremaa）はエストニアで最大の島です。首都タリン（Tallinn）からバスで4時間、島最大の街クレッサーレ（Kuressaare）に到着しました。島内のバスは日に数えるほどしか走っておらず、かといって自転車で移動するには面積が大き過ぎるため、自動車がないととても不便です。6月から8月は多くの観光客が訪れ、島内の少ないレンタカーは借りることがかなり難しくなります。

　3年前、この島でレンタカーを借りようとした時、土日はレンタカー会社の休業日で、そのうえ夏は多くの人が島を訪れるため、空車がなく私は困ってしまいました。そんな折、現地の人が紹介してくれたレンタカー会社が次の日に貸してくれドライブできたということがありました。

　前回と同じレンタカー会社のおじさんに電話すると、「前に運転した日本人だよね？いいよ」と即答してくれました。レンタカー会社に到着し電話でおじさんを呼び出すと「5分待ってくれ！」とレンタカー会社のおじさんはいつもは会社にいないため、歩いて登場です。スムーズにレンタカーを確保できたことに感謝し日本のお土産を渡すと、

料金を少し安くしてくれました。値引きはエストニアであまり経験しません。大抵システマチックで、決まったルールは変わらないことがほとんどです。しかし、地方に行くとたまに義理と人情といったような、人間臭さを感じることがあります。こういった出来事があるから、地方への旅は楽しくてやめられません。

島での運転は快適そのもの、窓を開け森の間を走ると緑の香りがたちまち車内に入ります。車を気持ち良く走らせ10分後私の視界に入ってきたのは、なんとパトカー「警察（POLITSEI）」！　そして車を誘導する警察官。一気にテンションが下がりました。「スピードオーバーやっちゃった??」と冷や汗が出てきました。警察官に従って窓を開けると酒気帯び運転の確認とアルコールチェッカーを口元に出されました。無表情の警察官に「私お酒飲めないもん、引っかかるわけがないよ」と息を吹きかけました。車を止められた理由がスピード違反ではないとわかった私は安心し過ぎて、余計な発言をしてしまいました。夏はバーベキューや屋外ライブなどイベント盛りだくさんの島では、お酒を飲んで気の緩みでドライブをしてしまう人が多いのでしょう。

　実は、3年前私はエストニアで速度オーバーのため罰金を払ったという苦い経験があります。エストニアは高速道路がありません。カメラマークの付いた道路標識があり、カメラの前で何キロだったかを記録されるというもの。この罰金が発生したことがわかるのはレンタカー返却時です。その日、レンタカーのオフィスにはエストニアの警察からすでに書類が届いていました。記録日時からタリンからタルトゥ（Tartu）に向かう最初のスピード測定器で速度オーバーしていたことがわかりました。書類には次のように書いてありました。
「超過した速度は約10km/hです。しかし、測定器に誤差があるため誤差分の4km/hを引きますので、6km/hオーバーです。6km/hオーバーの違反金は18€です」※
　レンタカー会社が先に立て替えたので、手数料が10€。合計で28€でした。違反金も登録していたクレジットカードで支払いました。
　日本と違うシステムですが、警察と直接やりとりするより、警察と違反者双方にとって時間と手間が省けて便利です。こういったところにも、エストニア人の合理的な考え方が反映されていると思います。このスピード違反以降、私はどんなに遅く他の車に抜かされようとも規定速度で運転することに決めています。
　※2018年当時の罰金の金額

　ここ最近、エストニアでは新しい速度計が設置され、平均速度から違反を検知するシステムが導入されるという話を聞きました。友人は「まずはタリンから順次設置されてくるから、全土に普及するには何年かかかるんじゃないかな？」と言います。しかし、考えてみてくださいエストニアの国土は北海道の約半分です。あっという間に全国に設置されるでしょう。

# グルメのお墨付きリュマンダ食堂

サーレマー島リュマンダ（Saaremaa/Lümanda）

　サーレマー島（Saaremaa）で１番大きな街であるクレッサーレ（Kuressaare）から車で５分ほど離れると、のどかな風景が広がります。エストニア本土と同じように、平坦な土地に森が続きます。サーレマー島は特に酪農家が多く、車を走らせるとすぐに牛が草を喰んでいる風景が見えてきます。この島の特産のバターやヨーグルト、牛乳、チーズなどの乳製品は質が高くエストニアでは人気です。

　のどかな風景の中に集落を発見しました。教会の隣にあると事前に教えてもらっていた「リュマンダ食堂・リゾート村（Lümanda söögimaja puhkeküla）」に行きます。この食堂はサーレマー島に住むグルメな友達から紹介してもらった場所です。

　2019年の９月末にこの島を訪れた時には、レストランは全部シーズンオフで閉まっており、ようやく見つけた小さな商店でパンを購入し空腹を満たしたという苦い思い出があります。その時とは対照的に、夏がシーズンの島では小さな街でも人で賑わっていました。今回は空腹やトイレの心配をする必要はなさそうです。

　リュマンダの交差点の目と鼻の先に緑色の屋根の教会があり、青空の中で立っていました。その隣にある赤い建物がリュマンダ食堂・リゾート村です。６月から８月まで営業し、９月以降は不定期に営業するそうです。

　レストランに入ると、会う約束をしていたオーナーをスタッフが呼んでくれました。オーナーのマルグスさんが私を出迎えてくれると、外へ案内してくれました。全体で56席の大きなレストランです。レストランの建物は元々は教会と一緒に建てられたものでした。25年前にマルグスさんの両親は学校だった建物を教会から購入し、レストランとして開店しました。引き継いだマルグスさんはタリン（Tallinn）に住んでおり、夏の間は１週間に一度、タリン（Tallinn）とサーレマー島を飛行機で行ったり来たりしています。

　初めにテーブルに来たのはリンデン、ミント、レモンバームがブレンドされサーレマー島の土曜の夕方にサウナに入った後に飲むハーブティーでした。次に私が選んだのは魚のスープ（Kalasupp）。島では朝獲れるカレイをスープにするようで、不漁の時は豚のブイヨンになるのだとか。

そして、サーレマー島しかないマッシュポテトとソース（Tuhlipuder ja nott）が出てきました。「Tuhli」はじゃがいも、「Nott」はソースというサーレマー島の方言です。ソースは日本のホワイトシチューのようなまろやかな味わいに、親しみが湧きました。

「建物の中に不思議なものがあるんだよ」とマルグスさんが教えてくれました。今は客席として使われている部屋

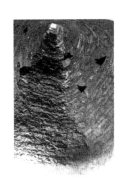

です。頭上を見て「何かを燃やしたんだと思うんだけども、いったいどんなことに使われたのか、皆目見当が付かないんだ」と。確かに黒い煤のようなものが天井一面びっしり付いていますが、煙突にしては大き過ぎるし、どういう目的で使われていたのが私もわかりませんでした。100年以上経った建物には、今の我々が想像しないような使い方をされていたことがあるのかもしれません。

マルグスさんのレストランではサーレマー島西部の伝統料理を島の素材だけで作ることにこだわっており、毎朝近くのヴァツリク農場（Vatsliku taru）から牛乳を、5km離れたところから新鮮なラム肉を仕入れているそう。

昨年まではマルグスさんの息子さんがレストランを手伝っていたそうですが、今年からは学校が忙しくなり、手伝えなくなったので地元の学生がアルバイトに来ていました。「まだ彼は研修中だけど、来年は頼もしいスタッフになると思うよ」とマルグスさんは優しく見守っていました。「若い人たちはすごいよね、彼らの企画で来週の独立回復記念日に、ここでDJイベントをするんだよ！　想像できないよ！」と。

このレストランから10km離れた所に、フィンランドの会社が経営していた魚工場がありました。そこで働いていた女性たちが退職して時間を持て余していることをマルグスさんが聞き、彼女たちの経験と技術を活かした製品を作ることにしました。魚の加工品を開発して人々が夏以外の季節も働けるようにするビジネスを2021年から始めたそうです。
「数年後サーレマー島のシーズンオフがなくなるかもしれない」私は淡い期待を胸にレストランを後にしました。

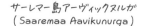

サーレマー島アーヴィックヌルガ
( Saaremaa Aavikunurga )

## アーヴィックヌルガの家の
## 手料理と「15分説」

　サーレマー島（Saaremaa）の中心の街、クレッサーレ（Kuressaare）から西に40kmの「アーヴィックヌルガ・ゲストハウス（Aavikunurga Guesthouse）」へ向かいました。ここは、エストニア語の言語体系作りに貢献した1880年生まれのヨハンネス・アーヴィック（Johannes Aavik）が住んでいた場所。アーヴィックが住んでいた当時の家がそのまま残されています。

　この家の現在のオーナーのウッレさんは、エストニアが独立回復した1991年以降、公務員として国の仕組みを作ことに従事していました。1999年にこの家を購入し、その後50歳で退職。夏はゲストハウスの経営をして、それ以外の季節はこれまでの経験を活かし国の仕組みを整えるアドバイザーとして新興国に赴いています。

　ウッレさんは私が泊まる部屋を案内してくれました。部屋には彼女が仕事で訪問したカンボジアやタジキスタンなどから持ち帰った、オリエンタルな品々がそこかしこに飾られています。築150年のエストニアの伝統建築に不思議と馴染み、長く滞在したくなるような落ち着く客室です。

　広々としたゲストハウスの厨房は大きな窓が2方向にあり、夏の日光が燦々と入ります。片方の窓からは自家製野菜を育てている畑が見えます。ゲストハウスの食事の野菜やジャムなどの加工品は、すべてウッレさんの手作りです。

　食事はビュッフェスタイルです。ウッレさんのご主人が釣った魚の燻製や、採れたての野菜がふんだんに並びます。10歳になる孫娘のヴィオラさんも夏は島に滞在してウッレさんの手伝いをします。この日、別棟で宿泊していたポーランドからの自転車ツーリングの宿泊客20人はあっという間に完食していました。このゲストハウスは自転車ツーリングの人々にとても人気の宿なのです。1日中自転車で移動したスポーツマンたちが、おいしい手作り料理を食べられることは、宿を選択するうえで重要なことです。

　庭にいるとウッレさんがワイングラスを手に、私の話の相手をしに来てくれました。昨今のロシアとウクライナ情勢について、どう考えているか聞いてみました。
「ロシアから攻められたら、15分でエストニアはなくなるわよ」
「15分……」私は絶句しました。
「15分説」はウッレさんからだけではなく、その後エストニアで何度か耳にしました。

　多くのエストニア人がリスク回避のために、EU諸国やその周辺国で土地やアパートを購入し、仮にエストニアが侵略されたらすぐに避難できるように準備しているそう。彼女も例に漏れずアルバニアにアパートを購入していました。

　エストニアは他国からの侵略されることを幾度も経験してきてることから、いつ他から侵略を受けて領土を失ってもおかしくはないという危機意識が、国民や国家に根付いているのでしょう。国家に甚大な被害が及ぶことを想定して、自国民の重要なデータのコピーを同盟国のサーバーに分散し、保管しているのだそうです。

「領土は動かすことができない。それならば、情報を移動させて国を存続させよう」そんなエストニア人のサバイバルの発想にはいつも驚かされます。

手早くできる白身魚のマリネのレシピ　P118

## スパークリング りんごジュースの炭酸

　2019年秋、オルストヴェレ（Olustvere）という小さな街のフードフェスティバルを訪れた時、ピエスタ農場（Piesta Kuusikaru talu）のジュースを試飲しました。そこで、農場のオーナーである妻キュッリさん、夫ハルディさんに説明を聞くとスパークリングりんごジュースの炭酸は、自然に発生すると知り、りんごの力強さに驚きました。彼らが作るジュースに興味がわき、すぐ農場のあるヴァンドラ（Vändra）を訪問しました。

　ヴァンドラはパルヌ（Pärnu）から北東に1時間の場所にある小さな街です。街の中心にあるバス停から車で10分の場所にピエスタ農場があります。この農場は1868年、ハルディさんの曽祖父が購入した土地です。ロシア帝国とソビエトに占領され、国のものになりました。1991年エストニアが独立回復した後、土地の証明書があったことから、再び土地が元の所有者の孫であるハルディさんの手に戻ったのです。

　海外で暮らしていた妻のキュッリさんと夫のハルディさんは、2014年にエストニアに戻り、りんご農家とその加工製品製造を始めました。りんごを加工することにより価値が高まるため、彼らはさまざまな商品を開発しました。その1つは、オランダの親戚のアイディアから商品化に繋がったアップルソース（ÕUNASTROOP）です。アップルソースはオランダにある調味料ですが、エストニアにはありませんでした。エストニアでもこのおいしさを知らせたいと、肉の調味料として販売することにしました。そして、食品のおいしさを審査する世界最大の食品コンテスト「Great Taste Award」で3スター（最高賞）を受賞すると、たちまちエストニアで人気の商品となりました。

　私は3年ぶりにエストニアに行き、タルトゥ（Tartu）のカフェに入ると、ピエスタ農場のりんごジュースの瓶がショーケースに並んでいました。販売している理由を聞くと、「このカフェでは品質の良いオーガニック製品を売っているんです」とのこと。この商品を作った人物を知っている私は、自分のことのように嬉しくなりました。「タル

トゥであなたのジュースを飲んでいるの」と、キュッリさんにメッセージを送ると「お
いでよ！」と返事をくれました。

　オーガニック製品しか売っていないというカフェなのに、りんごジュースにはオーガ
ニック認証マークがありませんでした。認証を取得することは、値段に跳ね返ってしま
うとキュッリさんが話してくれたことを思い出しました。

　　　　　　　　　　ピエスタ農場に行くと以前
　　　　　　　　　　と同じグレーの建物が、少し
　　　　　　　　　　長くなっていました。キュッ
　　　　　　　　　　リさんに「増築しました？」
　　　　　　　　　　と聞くと、2020年1月にカ
　　　　　　　　　　フェを建てたとのこと。しか
　　　　　　　　　　し、コロナによる影響で営業
　　　　　　　　　　開始できず、2021年の夏に
　　　　　　　　　　ようやく開店できるようにな
　　　　　　　　　　ったそうです。キュッリさん
　　　　　　　　　　とハルディさんは農家と製造
　　　　　　　　　　工場の仕事が平日はあるため、
　　　　　　　　　　カフェの営業は週末だけです。

それでもこの地域で飲食店を開くのは珍しいことです。

　ある近所の一家は、夏限定のピザショップを2022年に開いたそうです。またピエス
タ農場のカフェには地元のワインが並んでいます。ワイン会社のショップにもピエスタ
農場の商品が並んでいるそう。相互に商品を紹介することで、目にした人が興味を持っ
てくれるようになったとキュッリさんは嬉しそうに教えてくれました。彼らの行動が、
着実に地域の活性化に寄与していると感じました。

　キュッリさんにカフェで人気のロールケーキの作り方を教えてもらいました。しかし、
普通は小麦を使うケーキにパンによく使うライ麦粉を使うと言うではありませんか！

　キュッリさんは「他の人は小麦粉を使うけど、通常のライ麦
粉よりもより細かく精製している地元のピュアライ麦粉を使う
の。小麦粉より健康に良いからね」と教えてくれました。

　このレシピを作る理由がもう1つあります。短時間でスポン
ジが焼けるから、省エネになるそうです。エストニアの電気代
も前年の倍の価格に跳ね上がり、電気をできるだけ使わず、お
いしい食生活を続ける人々の知恵です。

ペイプシ湖畔（Peipsiääre）

# エストニア／ロシア国境
# での食祭り

　エストニアの東部にヨーロッパで5番目に大きいペイプシ湖（Peipsi järv）※があります。この湖の中間はエストニアとロシアの国境です。

　エストニア側のペイプシ湖沿いを40箇所以上の出店でつなぐ食の祭り「ペイプシ湖グルメ街道175km（Peipsi Toidu Tänav 175 km）」が毎年8月の2日間、開催されます。カフェやレストランはもとより、普通の家で作られた食べ物や農家が作った料理、野菜、パン、お菓子、はちみつなど幅広く食べ物を売っています。

　実は数年前にこの祭りについて耳にしていましたが、タイミングが合わず「いつか行かねば！」と思っていました。2022年はちょうど祭りが開催される日程に滞在していたため、どの予定よりも先に行くことを決めていました。

　※琵琶湖面積：670.4km$^2$、ペイプシ湖面積：3,500km$^2$

　ペイプシ湖畔の料理を1日中食べ続けるお供をしてもらう友達が必要だと思いました。ふと、3年前に南エストニアを案内してくれたティーナさんを誘うと「行く！　行く！」と快諾してくれました。

　ティーナさんは以前タリン（Tallinn）のアパートで料理を作って数日滞在させてくれたり、彼女の別荘がある南エストニアにも車で連れて行ってくれたりと、エストニアの普段の生活を見せてくれました。政治、経済、世界情勢についてストレートに意見交換できる数少ない友人のうちの1人です。そんな彼女と帰国前最後のイベントで一緒で過ごせることをとても楽しみにしていました。

　今回は43カ所で出店がありました。祭りの2日目である最終日は午前11時〜午後5時です。開始時間から最後まで車で巡っても全ての場所を制覇することは不可能です。

　ティーナさんはなんと、事前にすべての場所を確認し、それぞれに「ここは行く価値がある」「行ってもいいかもしれない」「特に行く必要はない」というコメントを書いてメッセージで送っていてくれました。私はそのリストから、さらに10カ所まで絞りました。こういった細かいサポートが旅の効率を上げ、限られた時間で貴重な体験ができるのだと彼女の心遣いに感謝しました。

　この日ティーナさんは彼女が滞在している南エストニアの別荘を朝出発して、私がいるタルトゥ（Tartu）まで迎えに来てくれました。

　彼女は3年前とは違う黒い車で颯爽と現れました。「どうしたの？　かっこいい車じゃない？」と聞くと「息子が車を買い替えたから、息子からもらったのではなく、買ったのよ！」そして「水着ある？」と聞かれました。「うん、あるけど？」と返事をする

と「よし、ペイプシ湖で泳ぐよ！」と言いながら、
ティーナさんはハンドルを握りました。

　タルトゥから東へ向かい、湖が見える場所に差
し掛かると、農家らしき入口に、紐で結ばれたタ
マネギが美しく吊り飾られているのが見えまし
た。ティーナさんは2番目の玉ねぎが飾られてい
る場所で車を停めて、店番をしているおじさんに
話しかけていました。「いくらですか？」「大きい
のは14€、中ぐらいのは10€、小さいのは8€だよ」
とおじさんが答えていました。「買わない？」とおじさんに聞かれましたが、買っても
空港で玉ねぎは没収されてしまうので断りました。

　　　　　　　玉ねぎの場所から少し車を走らせると、ロシ
　　　　　　ア料理の屋台が並ぶ場所が見えました。車を停
　　　　　　めてプロフ（плов）※を注文し、私は向かい
　　　　　　のベンチで食べていました。「湖の辺りはロシ
　　　　　　ア系の人も多くて、これから先の道中は本格的
　　　　　　なロシア料理を食べることができるわよぉ〜
　　　　　　〜！」とテンションが急上昇のティーナさんが
　　　　　　隣に座ってパンをほおばっていました。彼女の
　　　　　　予告通り、次第に屋台は道路脇に連なり、ロシ
アでよく飲まれるイワンチャイ（Иван-чай）というヤナギランの花と葉を発酵させ
たお茶やロシア伝統の惣菜パンやお菓子など、民家の軒先にあるノスタルジックなベン
チで飲食することができました。

　※プロフ（плов）は旧ソビエト連邦構成国のウズベキスタンの料理です。

「いよいよペイプシ湖が見える！」湖は大きいため対岸のロシアが見えることはありません。湖はまるで北上している自動車の右側に並走しているかのごとく存在しています。
　次に向かったのは、湖近くにある農家の庭で料理を出している場所でした。そこにはスープや魚、パンなど買い、ベンチで食べながらおじさんアコーディオンとチューバ（スーザフォン）の演奏を堪能できる素晴らしい空間が生まれていました。

　最後はムストヴェー（Mustvee）という小さな街にある、おいしいスイーツと雑貨のカフェとベジタリアン料理を提供する場所に向かいました。予想通り素晴らしい雰囲気の中、お茶とスイーツを食べた後、ベジタリアン料理の場所へギリギリ5時というところで残っていたアイスクリームを注文して、とてもかわいい中庭でゆったりとした時間を過ごせました。

「かなり食べたねぇ!!」と2人で満足しながら車に乗ると「さあ、今から泳ぎに行くよ!」とティーナさんは私を拉致する勢いで、すかさず湖へ向かいました。私は内心「忘れてなかったかぁぁぁ!」と叫びながら、泣きたい胸の内を悟られないように余裕の表情で「オッケー!」といつもより元気に答えてみました。水着に着替えて湖に入ると「うわ〜〜ぁ寒い!!」温度計の表示は水温17度でした。足が湖の底に届くか届かないかのところまで3回泳ぎ、寒くてこれ以上泳ぐのは無理だと判断し「先にあがるね〜〜」とティーナさんに一声かけて湖から出ました。震えながら更衣室に向かうと、知らない親子が更衣室の入口に立っていました。お父さんの方が「水あったかいね!」と私に話しかけてきました。エストニア流の痩せ我慢トークかと思いながら「え?? 冷たいんですけど! 唇が紫色になってるんですけど!」と私が震えながら唇を見せると「俺ここに何度も来ているけど、今日が一番あったかいよ!!」なるほど、エストニア人にとってこれが本当に「あったかい」ということなのでしょう。改めてエストニア人との温度感覚に大きな違いがあることを教えてもらいました。

　ペイプシ湖の夏の魚と言えば、ラービス（Rääbis）というサケ科の魚です。脂が乗っていて大好物の魚です。最近はかなり高価になっていますが、偶然ラービスの燻製が売られていたので「買わない選択肢はない!」と2人で買ってタリンのティーナさんのアパートで食べました。

　エストニアには「山の幸」がない代わりに「湖の幸」があるのです。

# スイバのスープ 〜 Hapuoblikasupp 〜

## 材料（2〜3人分）

- 骨付き牛肉 1kg
- 玉ねぎ（M サイズ）1 個
- ニンニク 1/2 片
- セロリ 1 本
- にんじん（M サイズ）1 本

- スイバの葉
  （なければ、ほうれん草）10 枚
- バスマティライス
  （日本米でも可）60g
- 茹で卵 3 個
- こしょう 少々

- 塩 少々
- 長ネギ お好みの量
- パセリ お好みの量
- レモン汁
  （スイバがない場合）1/4 個

## 作り方

**準備しておくこと**

茹で卵をフォークで潰して細かくする

❶ 玉ねぎ、ニンニク、セロリ、にんじんと肉をできる限り
丸ごと鍋に入れ、鍋に収まらない場合は収まる大きさに
切る。水を具の高さと同じくらい入れ中火で 3 時間煮る

❷ 野菜と肉を鍋から出し、肉から骨を外して野菜と肉をみじん切りにする

❸ 鍋のスープは細かい網を使い、具を取り除いて再び鍋に入れる

❹ 水で洗ったバスマティライスを③の鍋に入れ、②の肉と野菜を加えこしょうと塩で
味をみながら、弱火で煮る

❺ スイバを 1cm の幅に切り、④の鍋にスイバ（ない場合はほうれん草）と潰した茹で
卵を入れ、3分後に火を止める

❻ スイバがない場合はレモン汁を加える

❼ 皿にスープを盛ったら、お好みで長ネギ、パセリなどを散らす

ポイント

春の最初から食べ始められるスープで、独特の酸味を
味わう料理です。スイバはエストニアの畑で育てられ
ています。日本では山などでも採ることができますが、
販売されていません。ほうれん草を入れる場合、レモ
ンの酸味が感じられるくらいがスイバを入れた時に近
い味です。

ヘッレヌルメのマエさんに教えてもらった
# チェピック ～ Tšepik ～

## 材料（作りやすい量）

・強力粉 150g
・ライ麦粉（全粒粉）50g
・水 120ml
・塩 2g

・砂糖 3g
・ドライイースト 2g
・ひまわりのたね、かぼちゃのたねなど
　お好みの量

## 作り方

❶ 小麦粉とライ麦粉、塩を混ぜ、少しずつ水を加えてこねる

❷ 砂糖とドライイーストを加えて混ぜ、お好みでたね類を入れる。全体的に混ざったら、まとめてボウルに入れる

❸ ボウルにふんわりラップをし、暖かい場所に置く

❹ ③の生地が発酵し1.5倍に膨らんだら、生地を長方形にして手でねじり1.5倍になるまで布をかぶせて待つ

❺ 生地が1.5倍に膨らんだら、200度のオーブンで20分焼く

## ポイント

イタリアの小麦粉パンのチャバタとエストニアのセピックという全粒粉を使ったパンを掛け合わせた、マエさんオリジナルレシピです。焼きたてをバターと一緒に食べることをおすすめします。マエさんはこのレシピで特許を取ろうと冗談を話してくれました。いや、本気かも！

ヘッレヌルメのマエさんが教えてくれた
# 花とハーブのバター ～ Maitsevõi ～

## 材料（作りやすい量）

- 無塩バター 80g
- オリーブオイル 30g
- ニンニク 1片

- レモン汁 1/8個
- 塩 少々

**混ぜる花やハーブ**

- カレンデュラ
- ルリジサまたはボリジ

- オキザリス
- パセリ
- ディル

## 作り方

**準備しておくこと**

バターを常温にする

❶ 常温のバターにオリーブオイル、すりおろしたニンニク、絞ったレモン汁、塩を入れ混ぜる

❷ 花やハーブを刻んで①に混ぜる

### ポイント

マエさんの畑は農薬など使っていませんでした。花やハーブの場合は食用で育てられたものを使うようにしてください。有塩バターを使う際は塩は入れなくても良いです。

## トゥリのカイヤさんとタルモさんに教えてもらった
# スノーボールスープ 〜 Lumepallisupp 〜

## 材料（3〜4人分）

・卵（常温）4個
・牛乳　500ml
・生クリーム　200ml
・水　50ml
・砂糖　50g
・片栗粉　15g
・バニラエッセンス　3滴

**トッピング**

・ライム　1個
・ブラックカラントやベリー　お好み
・クッキングペーパーに伸ばす分
　オリーブオイル　少々

## 作り方

❶ 牛乳と生クリームを鍋に入れ、砂糖とバニラエッセンスを加えて弱火にかける

❷ 卵黄と卵白を分け、卵白に少しずつ砂糖を加えていき、ツノが立つまで泡立てる

❸ ①の鍋に水に溶かした片栗粉を入れ、とろみが出たら火から下ろし人肌ほどの温度になるまで冷ます

❹ 卵黄を泡立て器でよく混ぜ、③に入れよく混ぜる

❺ オーブントレイにクッキングシートをしき、オリーブオイルをシートの上に薄く伸ばす

❻ ②で泡立てた卵白を2つの大きめなスプーンを使ってメレンゲの固まりを作り、間隔をあけて置く

❼ ⑥のメレンゲを200度のオーブンに3分入れ、表面がきつね色になったらオーブンから出す

❽ ④のスープを皿に盛り、その上に⑦のメレンゲを浮かせる

❾ ライムの皮を削ったものを散らしたり、ブラックカラントやお好みのベリーを飾る

┌─ ポイント ─

伝統的なスノーボールスープはライムやベリーなどのトッピングはありません。このレシピはカイヤさんとタルモさんのオリジナルレシピです。まろやかな味の中でライムの爽やかな香りが加えられます。温かいうちに召し上がることをおすすめします。

サーレマー島のウッレさんに教えてもらった

# 手早くできる白身魚のマリネ 〜 Äkine 〜

## 材料（2人分）

・白身魚（刺身用）100g　　・砂糖 15g　　　　　　　・塩（玉ねぎにかける用）少々
・玉ねぎ（Mサイズ）1個　　・こしょう 少々　　　　・砂糖（玉ねぎにかける用）少々
・塩 30g

## 作り方

❶ 白身魚の水気をキッチンペーパーで拭き、削ぎ切りする

❷ 塩と砂糖を混ぜ、①の魚にまんべんなくふりかける

❸ 玉ねぎをみじん切りにする

❹ 別のボウルに②の魚を全体の1/3しき、その上にみじん
切りした1/3の玉ねぎ、こしょう、塩、砂糖をかけ層に
して3回重ねていく

❺ ④の上に、少し空間があくように皿をかぶせ、皿を両手
の親指で押さえ、すぐに食べたい時は15分ほど上下にボ
ウルを振る。皿を外して混ざっていないところがあれば
混ぜる。時間がある時には2時間ほど玉ねぎから水分が
出てくるのを待ってから混ぜる。

### ポイント

ウッレさんはサイナス（Säinas）というコイ科の淡水魚を使っていましたが、日本では入手
できないので、刺身用の白身魚を代わりに用いてください。
15分続けてボウルを振るのは大変なので、休みながらおこなってください。

# あとがき

　2022年2月24日。ロシアのウクライナ攻撃が勃発し「こんな時に料理取材でバルト三国を訪れてよいのだろうか？」と不安が募りました。ニュースはウクライナ一色でした。「ウクライナという国がなくなるかもしれない事態になってから、興味を持つのでは遅すぎる……」「その国を知っていることが、戦争へのNOを早い段階で出せることにつながるのかもしれない……」そんな気持ちになりました。

　バルト三国もウクライナと同じく、旧ソ連から独立回復後30余年しか経っていません。彼らにとっても、「2度と起こってはならないこと」が今、目の前で起こっています。迷いや不安があったものの、今だからこそ、2022年夏にバルト三国の旅をしようと決めました。

　旅の始まりリトアニアから、北上を続け75日目。EU圏内最終目的地であるフィンランドのヘルシンキまでたどり着き、旅は終わりに差し掛かりました。そこからまたイスタンブールへ向かう機上で、眼下にはかつて歩いたエストニアのサーレマー島が広がっていました。さらに飛行機の進む方向に目をやると、その先にはラトビアの西の突端であるコルカ岬が見えてきます。これまでの旅が巻き戻しされていくかのように、思い起こされさまざまな記憶が風景とともに脳裏に押し寄せました。

　美しい花や青々と育ったハーブのある庭。なかなか沈まない太陽が落ちていく北緯54度の夏至の空。きのこやベリーを見つけるために蚊やアブと闘いながら入った緑深い森。永遠に平坦な大地。この国々の情景にすっかり心奪われていることを感じながら、美しい命、自然、文化がある国が、ここに存在することを知らせたい、と強く思いました。

　いつの間にか滲んだ視界に気づき、少し感傷的な自分を抑え、眼下に広がるバルト海の波をじっと見つめました。飛行機は突然雲の中に入り、それがこの旅の終わりを告げたかのようでした。

　旅の途中は、夢を語るかのように「日本に帰ったら本にするので、キッチンで料理を教えてください」と取材してきました。帰国後、アテもないのにいったいどうするんだろうと、怖くなってきたころ、それが正夢になりました。

　この本を作るチャンスをくださった産業編集センターの福永恵子さん、デザインを担当してくださった清水佳子さん、DTPを担当してくださった高八重子さん、ありがとうございました。

　そして、ご協力いただいたすべての現地や日本のみなさま、各駐日大使館の方々に心から感謝を申し上げます。

2023年6月　佐々木敬子

＜参考文献＞

Pauls Hagu (Paul Hagu), Juris Lipsnis, Dace Martinova, Māra Rozentāle, Anu Sāre(Anu Saare), Zoja Sīle, "Katram nostūrim savi paradumi Kihnu,Setu, Suitu un Lībiešu svētki un atzīmējamās dienas": Greif, 2019

Kristīine Vasijevska, Dace Martin, "Suit' drāns SUITU NOVADA MANTOJUMS":SIA " Jelgavas Tipogrāfija", 2017

Dženeta Marinska, "Ziemeļkurzemes lībiešu tradicionālie ēdieni":Līvu(lībiešu) saviebība(Līvõd Īt), 2016

Sandra Baltruja, Elita Pētersone, "Lamprey frim Carnikava-Latvian Delicacy":Calnikava Council, 2020

TRANSIT 編集部「TRANSIT 47 号　バルトの光を探して」ユーフォリアファクトリー、2020

地球の歩き方編集室「地球の歩き方　バルトの国々　エストニア　ラトヴィア　リトアニア」Gakken、2021

## 佐々木敬子　(Keiko Sasaki)

旅する食文化研究家。エストニア共和国外務省公認市民外交官。各国を旅しながら現地で味を修得。2018年より駐日エストニア共和国大使館のレセプション、駐日欧州連合代表部、来日アーティストに料理提供協力。企業、公共事業向けレシピ開発やワークショップ、食文化講演などを行う。
料理教室「エストニア料理屋さん」、バルト三国の情報サイト「バルトの森」主宰。
書籍『旅するエストニア料理レシピ』(2021年)発行。
「エストニア料理屋さん」　https://estonianavi.com/
「バルトの森」　https://baltnomori.com/

## バルト三国のキッチンから

2023 年 6 月 14 日　第一刷発行

著者　佐々木敬子

ブックデザイン　清水佳子
DTP　高八重子
地図　山本祥子 (産業編集センター)
編集　福永恵子 (産業編集センター)

発 行　株式会社産業編集センター
　　　　〒 112-0011 東京都文京区千石4-39-17
　　　　TEL 03-5395-6133
　　　　FAX 03-5395-5320

印刷・製本　株式会社シナノパブリッシングプレス
ⓒ2023 Keiko Sasaki　Printed in Japan
ISBN978-4-86311-368-8　C0077